道路桥梁建设与隧道工程

张湘湖　金玉秀　著

吉林科学技术出版社

图书在版编目（CIP）数据

道路桥梁建设与隧道工程 / 张湘湖, 金玉秀著. -- 长春 : 吉林科学技术出版社, 2022.5

ISBN 978-7-5578-9321-7

Ⅰ. ①道… Ⅱ. ①张… ②金… Ⅲ. ①道路施工②桥梁施工③隧道工程 Ⅳ. ①U415②U445③U45

中国版本图书馆CIP数据核字(2022)第072881号

道路桥梁建设与隧道工程

著　　张湘湖　金玉秀
出 版 人　宛　霞
责任编辑　梁丽玲
封面设计　道长矣
制　　版　长春美印图文设计有限公司
幅面尺寸　185mm×260mm
开　　本　16
字　　数　110 千字
印　　张　15.375
印　　数　1-1500 册
版　　次　2022年9月第1版
印　　次　2022年9月第1次印刷

出　　版　吉林科学技术出版社
发　　行　吉林科学技术出版社
地　　址　长春市南关区福祉大路5788号出版大厦A座
邮　　编　130118
发行部电话/传真　0431-81629529　81629530　81629531
81629532　81629533　81629534
储运部电话　0431-86059116
编辑部电话　0431-81629510
印　　刷　廊坊市印艺阁数字科技有限公司

书　　号　ISBN 978-7-5578-9321-7
定　　价　68.00 元

前　言

桥梁和隧道，看起来完全不同，其实有很多共同之处。这两类建筑物都对建造者的能力提出了极高的要求，它们还执行着类似的任务：跨越山谷、海峡、河流，或者穿过山脉这样的地理障碍。

但是，桥梁在历史上肯定享有比隧道更高的声誉。在很多人眼里，桥梁绝对不仅仅是一种交通建筑。自古以来，桥梁就展现出一种独特的魅力，它是所连接的两岸的一种标志。此外，很多桥梁具有高度的艺术价值。

隧道没有桥梁这么引人注目，但它也非常震撼人心。隧道建设者们在地下深处工作，他们钻穿山脉最硬的石头，还必须防止地下水涌入；他们钻透河床底下柔软的泥浆；有时，他们还要让地铁隧道紧贴着大城市的房屋，从街道下面穿过。

道路桥梁隧道工程作为基础设施建设中重要的组成部分，其建设工程项目和数量逐年增加。为了确保工程项目的整体安全性，应全面分析道路桥梁隧道工程项目施工技术的重点和难点，不断提高整体施工技术水平。

本书首先阐释了桥梁工程，分析了桩基的结构设计；然后对岩溶地质桥梁桩基的检测技术进行了详细论述，重点讲述了桥梁墩台施工、桥梁工程施工技术、隧道工程；最后探讨隧道的复杂地质条件与探测技术。总体来看，本书结构完整，层次清晰，可供道路桥梁与隧道方向的工作者参考，也希望本书能够给读者带来一些启示与参考。

由于编写时间仓促，加之编写水平所限，书中内容难免有不当之处，诚恳欢迎广大读者批评指正。

目　录

第一章　桥梁工程概述

第一节　桥梁的组成和分类

道路路线遇到江河湖泊、山谷深沟以及其他线路（铁路或公路）等障碍时，为了保持道路的连续性，就需要建造专门的人工构造物——桥梁，来跨越障碍。下面先熟悉一座桥梁的基本组成以及桥梁的分类情况。

一、桥梁的基本组成

桥梁一般由四个基本部分组成，即上部结构（superstructure）、下部结构（substructure），支座（bearing）和附属设施（accessory）。

一般桥梁工程的主要名词解释如下：

上部结构（桥跨结构）：是在线路中断时跨越障碍的主要承重结构，是桥梁支座以上（无铰拱起拱线或刚架主梁底线以上）跨越桥孔的总称，桥梁跨越幅度越大，上部结构的构造也就越复杂，施工难度也相应增加。

下部结构：包括桥墩（pier）、桥台（abutment）和基础

（foundation）。

桥墩和桥台：是支撑上部结构，并将其传来的恒载和车辆等活载再传至基础的结构物。通常将设置在桥两端的部分称为桥台，设置在桥中间部分的称为桥墩。桥台除了具有上述作用，还与路堤相衔接，并抵御路堤土的压力，防止路堤填土的坍落。单孔桥只有两端的桥台，而没有中间的桥墩。

桥墩和桥台底部的奠基部分：它被称为基础，基础承担了从桥墩和桥台传来的全部荷载，这些荷载包括竖向荷载以及地震力、船舶撞击墩身等引起的水平荷载，由于基础往往深埋于水下地基中，在桥梁施工中是难度较大的一个部分，也是确保桥梁安全的关键因素之一。

支座：是设在墩（台）顶，用于支承上部结构的传力装置。它不仅要传递很大的荷载，并且要保证上部结构按设计要求产生一定的变位。

桥梁的附属设施：包括桥面系（bridge decking）、伸缩缝（expansion joint）、桥梁与路堤衔接处的桥头搭板（transition slab at bridge head）和锥形护坡（conical slope）等。

河流中的水位是变动的，枯水季节的最低水位称为低水位（low water level），洪峰季节河流中的最高水位称为高水位（high water level）。桥梁设计中按规定的设计洪水频率计算所得的高水位（很多情况下是推算水位），称为设计洪水位（designed flood level）。在各级航道中，能保持船舶正常航行时的水位，称为通航水位（navigable water level）。

下面介绍一些与桥梁布置有关的主要尺寸和名词术语：

主桥（main bridge）：为桥孔跨越主要障碍物（如河道主槽

部分或深谷、人工设施主要部分）而设置的桥跨结构。

引桥（approach bridge）：位于主桥两端，代替高路堤的桥梁跨段。引桥将主桥与路堤以合理的坡度连接起来。

净跨径（clear span）：对于设支座的桥梁，为相邻两墩、台身顶内缘之间的水平净距，不设支座的桥梁为上、下部结构相交处内缘间的水平净距。

计算跨径（computed span）：对于设支座的桥梁，为相邻支座中心的水平距离，对于不设支座的桥梁（如拱桥、刚构桥等），为上、下部结构的相交面之中心间的水平距离，桥梁结构的力学计算是以这个距离为准的。

总跨径（total span）：是多孔桥梁中各孔净跨径的总和，它反映了桥梁宣泄洪水的能力。

桥梁全长（total length of bridge）：简称桥长，对于有桥台的桥梁为两岸桥台翼墙尾端间的距离，对于无桥台的桥梁为桥面系行车道长度。

桥下净空（clearance height of span）：为满足桥下通航（或行车、行人）的需要和保证桥梁安全而对上部结构底缘以下规定的空间界限。其中，桥下净空高度是设计洪水位或计算通航水位至桥跨结构最下缘之间的距离，它应保证能安全排洪，并不得小于对该河流通航所规定的净空高度。对于跨线桥或立交桥，桥下净空对于保证所跨越线路的通行能力至关重要。

桥梁建筑高度（construction height of bridge）：上部结构底缘至桥面顶面的垂直距离，线路定线中所确定的桥面标高，与通航（或桥下通车、人）净空界限顶部标高之差，称为容许建筑高度（allowable construction height），显然，桥梁建筑高度不得大于容许建筑高度，为控制桥梁建筑高度，可以通过在桥面以上布置结构（如斜拉桥、悬索桥、中承式拱桥、下承式拱桥等）的方式加以解决。

桥面净空（clearance above bridge floor）：是桥梁行车道、人行道上方应保持的空间界限，公路、铁路和城市桥梁对桥面净空都有相应的规定。

净矢高（clearance bowed height）：是从拱顶截面下缘至相邻两拱脚截面下缘最低点之连线的垂直距离。

计算矢高（computed bowed height）：是从拱顶截面形心至相邻两拱脚截面形心之连线的垂直距离。

矢跨比（rise span ratio）：是拱桥中拱圈（或拱肋）的计算矢高与计算跨径之比，也称拱矢度，它是反映拱桥受力特性的一个重要指标。

对于梁式桥，它是指两相邻桥墩中线之间的距离，或墩中线至桥台台背前缘之间的距离；对于拱式桥，则是指净跨径。

二、桥梁的分类

桥梁种类繁多，都是人们在长期的生产活动中，通过反复实践和不断总结逐步发展起来的。为了对各种类型的桥梁结构有个概略的认识，下面加以简要的分析说明。

（一）按结构类型分类

结构工程上的受力构件，总离不开拉、压和弯三种主要受力方式。由基本构件所组成的各种结构物，在力学上也可归结为梁式、拱式和悬吊式三种基本体系以及它们之间的各种组合（如刚架桥和斜拉桥）。现代的桥梁结构也一样，不过其内容更丰富，形式更多样，材料更坚固，技术更进步。下面分别来阐明桥梁各种体系的主要特点。

1. 梁式桥（beam bridge）

梁式桥是一种在竖向荷载作用下无水平反力的结构，由于外力（恒载和活载）的作用方向与承重结构的轴线接近垂直，因而与同样跨径的其他结构体系相比，梁桥内产生的弯矩最大，通常需用抗弯、抗拉能力强的材料（钢、配筋混凝土、钢－混凝土组合结构等）来建造，目前在公路上应用最广的是预制装配式的钢筋混凝土简支梁桥，这种梁桥的结构简单，施工方便，简支梁对地基承载力的要求也不高，其常用跨径在25m以下。当跨径较大时，需采用预应力混凝土简支梁桥，但跨度一般不超过50m，为了改善受力条件和使用性能，当地质条件较好时，中、小跨径梁桥均可修建连续梁桥，对于很大跨径的大桥和特大桥，可采用预应力混凝土梁桥、钢桥和钢—混凝土组合梁桥。

2. 拱式桥（arch bridge）

拱式桥的主要承重结构是拱圈或拱肋（拱圈横截面设计成分离形式时称为拱肋）。拱结构在竖向荷载作用下，桥墩和桥台将承受水平推力。同时，根据作用力和反作用力原理，墩台向拱圈（或拱肋）提供一对水平反力，这种水平反力将大大抵消在拱圈（或拱肋）内由荷载所起的弯矩。因此，与同跨径的梁相比，拱的弯矩、剪力和变形都小得多，鉴于拱桥的承重结构以受压为主，通常可用抗压能力强的圬工材料（如砖、石、混凝土）和钢筋混凝土等来建造。

拱桥不仅跨越能力很大，而且外形酷似彩虹卧波，十分美观，在条件许可的情况下，修建拱桥往往是经济合理的，一般在跨径

500m以内均可作为备选方案。

应当注意，为了确保拱桥的安全，下部结构和地基（特别是桥台）必须能经受住很大的水平推力。此外，与梁式桥不同，由于拱圈（或拱肋）在合龙前自身不能维持平衡，因而拱桥在施工过程中的难度和危险性要远大于梁式桥。

在地基条件不适合修建具有很大推力的拱桥的情况下，也可建造水平推力由受拉系杆来承受的系杆拱桥，系杆可由钢、预应力混凝土或高强钢筋做成。

按照行车道处于主拱圈的不同位置，拱桥分为上承式拱、中承式拱和下承式拱三种。“承”代表承受车辆荷载的位置，即行车道位置，“上、中、下”分别代表这个车道位置位于主拱圈的上部、中部和下部。

3. 刚架桥（rigid frame bridge）

刚架桥的主要承重结构是梁（或板）与立柱（或竖墙）整体结合在一起的钢架结构，梁和柱的连结处具有很大的刚性，以承担负弯矩的作用。门式刚架桥在竖向荷载作用下，柱脚处具有水平反力，梁部主要受弯，其受力状态介于梁桥与拱桥之间。刚架桥跨中的建筑高度就可做得较小。当遇到线路立体交叉或需要跨越通航江河时，采用这种桥型能尽量降低线路高程，以改善纵坡，并能减少路堤土方量。但普通钢筋混凝土修建的刚架桥在梁柱刚结处较易产生裂缝，需在该处多配钢筋。另外，门式刚架桥在温度变化时，内部易产生较大的附加内力，应引起重视。

T型刚构桥（带挂孔的或不带挂孔的）是修建较大跨径混凝土桥梁曾采用的桥型，属静定或低次超静定结构。对于这种桥型，由于T构长悬臂处于一种不受约束的自由变形状态，在车辆荷载作用下，悬臂内的弯、扭应力均较大，因而各个方向均易产生裂缝，另外，由于混凝土徐变，会使悬臂端产生一定的下挠，从而在悬臂端部和挂梁的结合处形成一个折角，不仅损坏伸缩缝，而且车辆也会在此跳车，给悬臂以附加冲击力，使行车不适，对桥梁受力也不利，目前这种桥型已较少采用。

连续刚构桥属于多次超静定结构，在设计中一般应减小墩柱顶端的水平抗推刚度，使得温度变化时在结构内不致产生较大的附加内力。对于很长的桥，为了降低这种附加内力，往往在两侧的一个或数个边跨上设置滑动支座，从而形成刚构—连续组合体系桥型。

当跨越陡峭河岸和深谷时，修建斜腿刚构桥往往既经济合理又造型轻巧美观。由于斜腿墩柱置于岸坡上，有较大斜角，中跨梁内的轴压力也很大，因而斜腿刚构桥的跨越能力比门式刚构桥要大得多。但斜腿的施工难度较直腿大些。

刚构桥一般均需承受正负弯矩的交替作用，横截面宜采用箱形截面，连续刚构桥主梁受力与连续梁相近，横截面形式与尺寸也与连续梁基本相同。

4. 悬索桥（suspension bridge）

悬索桥（也称吊桥）是用悬挂在两边塔架上的强大缆索作为主要承重结构的桥梁。在桥面系竖向荷载作用下，通过吊杆使缆索承受很大的拉力，缆索锚于悬索桥两端的锚碇结构中，为了承受巨大的缆索拉力，锚碇结构需做得很大（重力式锚碇），或者依靠天然完整的岩体来承受水平拉力（隧道式锚碇），悬索桥也是具有水平反力（拉力）的结构。现代悬索桥广泛采用高强度的钢丝成股编制成钢缆，以充分发挥其优良的抗拉性能，悬索桥的承载系统包括缆索、塔柱和锚碇三部分，因此结构自重较轻，能够跨越其他桥型无法达到的特大跨度（经济跨径在500m以上）。悬索桥的另一特点是受力简单明了，成卷的钢缆易于运输，在将缆索架设完成后便形成了一个强大稳定的结构支承系统，施工过程中的风险相对较小。在我国西南山岭地区和遭受山洪泥石冲击等威胁的山区河流上，以及对于大跨径桥梁，在修建其他桥梁有困难的情况下，往往采用悬索桥。

鉴于对桥梁美观的要求，在不宜修建锚碇的情况下，也可建造将主缆锚固在主梁两端的所谓“自锚式”悬索桥。这种桥型虽然很有特色，但其结构设计和施工工艺比较复杂（先梁后缆的施工方式），经济性较差，而且跨径也不宜过大，另外，加劲梁在巨大的轴向压力作用下，为满足稳定和应力要求，用钢量较大。

在所有桥梁体系中，悬索桥的刚度最小，属柔性结构，在车辆荷载作用下，悬索桥将产生较大的变形。另外，悬索桥风致振动及稳定性在设计和施工中也需予以特别重视。

5. 斜拉桥（cable stayed bridge）

斜拉桥由塔柱、主梁和斜拉索组成。它的基本受力特点是：受拉的斜索将主梁多点吊起，并将主梁的恒载和车辆等其他荷载传至塔柱，再通过塔柱基础传至地基。塔柱基本上以受压为主。跨度较大的主梁就像一根多点弹性支承（吊起）的连续梁一样工作，从而使主梁内的弯矩大大减小。由于同时受到斜拉索水平分力的作用，主梁截面的基本受力特征是偏心受压构件。斜拉桥属高次超静定结构，主梁所受弯矩大小与斜拉索的初张力密切相关，存在着一定最优的索力分布，使主梁在各种状态下的弯矩（或应力）最小。

斜拉桥的跨越能力大于梁桥和拱桥，仅次于悬索桥。在技术可达的跨径范围内，一般来说，斜拉桥的经济性能优于悬索桥。此外，与悬索桥相比，斜拉桥的结构刚度大，即在荷载作用下的结构变形要小得多，且其抵抗风振的能力也比悬索桥好，这也是在斜拉桥可能达到的大跨度情况下使悬索桥逊色的重要因素。

斜拉桥的斜索组成和布置、塔柱形式以及主梁的截面形状是多种多样的。我国常用平行高强钢丝束、平行钢绞线束等制作斜索，并用热挤法在钢丝束上包一层高密度的黑色聚乙烯（HDPE）外套进行防护，还可用彩色高密度聚乙烯制成彩色索。除防锈外，斜拉索的疲劳和 PE 套的老化也是两个需认真对待的问题。

常用的斜拉桥是三跨双塔式结构，但独塔双跨形式也常见，具体形式及布置的选择应根据河流、地形、通航、美观等要求加以论证确定。

在桥横向，斜拉索一般按双索面布置，也有采用中央布置的单索面结构。

斜拉桥是半个多世纪来最富于想象力和构思内涵最丰富且引人瞩目的桥型，它具有广泛的适应性。一般说来，对于跨度为 200 ~ 700m，甚至超过 1000m 的桥梁，斜拉桥在技术和经济上都具有相当优越的竞争力。诚然，随着斜拉桥跨度的增大，将会面临塔过高和斜索过长等一系列技术难点，这不仅涉及高耸塔柱抗震和抗风等动力稳定方面的问题，而且还涉及主梁受压力过大以及长斜索因自重垂度增大而引起的种种技术问题。另外，必须提到的是，斜拉桥的斜索可以说是这种桥梁的生命线。因此，确保斜索使用寿命，仍是当今桥梁界十分关切和重视的重要课题。可以相信，随着高性能新材料的开发、计算理论的进一步完善、施工方法的改进，特别是设计构思的不断创新，斜拉桥还会向更大跨度和更新的结构形式发展。

（二）桥梁的其他分类简述

除了上述按受力特点分成不同的结构体系外，人们还习惯地按桥梁的用途、大小规模和建桥材料等其他方面将桥梁进行分类:

1. 按用途来划分

有公路桥（highway bridge）、铁路桥（railway bridge）、公铁两用桥（highway and rail transit bridge）、农桥（rural bridge，或机耕道桥）、人行桥（foot bridge），水运桥（aqueduct bridge，或渡槽）、管线桥（pipeline bridge）等。

公路桥与城市桥均以通行汽车为主，与专供铁路列车行驶的铁路桥相比，活载相对较轻，桥的宽度相对较大。公铁两用桥指同时承受公路和铁路荷载的桥梁，一般规模较大，可做成双层桥面桥（double-deck bridge），也可做成同一平面的桥。人行桥指专供行人通过的桥梁，活载较小，桥面较窄，结构造型较灵活，对美学要求较高，因此常采用一些造型独特、新颖的结构。

2. 按桥梁全长和跨径的不同划分

分为特大桥（super major bridge）、大桥（major bridge），中桥（medium bridge）、小桥（small bridge）和涵洞（culvert）。

3. 按照主要承重结构所用的材料划分

有圬工桥（masonry bridge，包括砖、石、混凝土桥）、钢筋混凝土桥（reinforced concrete bridge）、预应力混凝土桥（pre-stressed concrete bridge）、钢桥（steel bridge）、钢—混凝土组合桥（steel-concrete composite bridge）和木桥（timber bridge）等。木材易腐，且资源有限，一般不用于永久性桥梁。

在我国，混凝土桥是目前应用最为广泛的桥梁，从环保和低碳方面考虑，国内外尝试应用超高性能混凝土建造桥梁工程。超高性能混凝土（ultra-high performance concrete，UHPC）一般需掺入钢纤维，也被称作超高性能纤维增强混凝土（ultra-high performance fibrereinforced concrete，UHPFRC）。UHPC 以超高强度、高韧性和超长耐久性为特征，是水泥基复合材料实现跨越式进步的新型结构和功能性材料。

组合桥（composite bridge）是指主要受力构件的截面上由两种或两种以上材料组成的桥梁，最常见的是钢—混凝土组合桥，它能发挥钢与混凝土的各自优势，取得整体结构的合理性和经济性，组合材料应用是桥梁工程发展的一个重要方向。

第二节　桥梁的总体规划与设计程序

一、桥梁设计的原则和理念

桥梁是公路、铁路和城市道路的重要组成部分，特别是大、中桥梁的建设，对当地政治、经济、国防等都具有重要意义。公路桥梁的设计，根据其使用任务、性质和所在线路的远景发展需要，除应符合技术先进、安全可靠、适用耐久、经济合理的要求外，还应考虑造型美观和有利环保的原则，同时尚应考虑因地制宜、就地取材、便于施工和养护等因素。我国公路桥涵结构的设计基准期为 100 年。

新世纪的桥梁建设要树立科学发展观，走资源节约型之路，以人为本，使可持续发展的理念得到不断加强。将工程质量和全寿命成本的理念贯穿于工程规划、勘察、设计、施工、养护、运营管理全过程，以工程建设、养护和维护管理的综合效益最优为目标。在设计阶段就应该一并考虑工程建设后的养护、维修和管理问题，力求实现总资源消耗最小的目标。降低初期建设成本不能以增加后期维护成本为代价，要克服建设成本较低而后期运营管理费用较高的弊端，真正做到把桥梁建设成技术先进、安全可靠、适用耐久、经济合理、美观协调、生态节能的精品工程，实现社会成本最低的目标。

桥梁设计，既是一种工程设计，也是一门艺术。具体到一座桥梁，解决方法不是唯一的，它可以是重复已有设计图纸的平庸、常规设计，也可以是通过对已有设计的改进甚至提出新的构思而做出具有一定创新内容的设计。工程师的职责就是要创造最合适的方案来解决工程问题。合理的创新构思，不但能提高结构安全、降低工程造价，还能起到改善使用功能和美化结构的效果。

设计是桥梁工程的灵魂，而创新又是设计的灵魂，设计理念的创新就是要将桥梁整个生命周期（全寿命）的实用性、耐久性、经济性及风险性统筹考虑，使各方面实现总体协调平衡，具体表现在以下三个方面：

①总体设计与桥梁景观和运营管理有机结合，桥梁总体设计在考虑平纵线形、桥跨总体布置的同时，还要注重桥梁景观和日后运营养护管理。大桥景观设计时，应对全桥结构造型、色彩、各部分结构的美学元素构成、不同结构间的过渡、桥面系以及景观照明等进行系统的设计，使大桥不仅雄伟、美观，而且与周围环境协调和谐。

因为大桥通常跨度大、技术含量高、造价昂贵、工期长，所以，在大桥设计阶段就必须考虑大桥日后的运营养护、交通组织、抢险救灾、紧急求援、桥梁监控等，并从构造上考虑日后各构件的养护通道，为日后运营管理创造良好的条件。

②桥型方案设计与建设环境和施工工艺有机结合，大桥桥位处一般自然条件复杂，受特殊的水文、气象、工程地质条件制约，要最大限度地结合大桥桥位处的自然条件特点选择适应性好的施工工艺，以降低工程实施的风险和工程造价；有针对性地采用大型化、工厂化、机械化、标准化的总体设计理念，以提高工程质量，确保大桥建设得以安全顺利开展。

③结构设计与结构耐久性设计有机结合。大桥的分项工程多，上部结构多为钢筋混凝土结构或钢结构，下部结构及基础多为大体积混凝土结构，钢结构的防护和大体积混凝土结构的防温度裂缝就是结构设计的重点内容。大桥混凝土结构耐久性设计应从材质本身的性能出发，以提高混凝土材料的品质为根本，并辅以外加涂层、涂层钢筋、阴极保护等辅助措施，本着"结构设计是结构耐久性的灵魂"的原则，结构设计要做到"可检、可换、可强、可补、可控"，同时贯彻"大桥施工是结构耐久性的基础，运营养护是结构耐久性的保障"的理念。

二、桥梁设计与建设程序

设计工作是一座桥梁建设的灵魂。对于工程复杂的大、中桥梁的设计，为了能从错综复杂的客观情况中得出既经济又合理的设计，就需要循序渐进、逐步深入、科学地进行工作。一般大型桥梁的正规设计工作，分为前期工作阶段和设计工作阶段。前者又分为：工程预可行性研究（简称"预可"）报告阶段和工程可行性研究（简称“工可”）报告阶段；后者则又分成初步设计（preliminary design）、技术设计（technical design）和施工图设计（constructional drawing design/execution design）三个阶段。各个阶段所包含的内容和深度、目的、解决的问题是不相同的。

（一）“预可”和“工可”阶段

这两个阶段所包含的内容基本一致，但研究的深度各有不同。“预可”阶段要在工程可行的基础上，着重研究建桥的必要性和宏观经济上的合理性。“工可”阶段则要在“预可”被审批确认后，进一步研究工程技术上的可行性和投资上的可行性。

一座大型桥梁的“预可”报告应从经济、政治、国防等方面，详细阐明建桥理由和工程建设的重要性和必要性，同时初步探讨技术上的可行性。对于区域性线路上的桥梁，应以建桥地点（渡口等）的车流量调查（计及国民经济逐年增长率）为立论依据。

在“预可”阶段的另一重点是，通过多个桥位的综合比较，选定桥位和确定建设规模。

“预可”阶段工作的主要目标是解决建设工程的上报立项问题。在“工可”阶段，则要在“预可”的基础上着重研究和制定桥梁设计的技术标准，包括设计荷载标准、桥面宽度、通航标准（通航净宽和净高）、设计车速、桥面纵向和横向坡度、竖曲线与平曲线半径等。在这一阶段，要与河道、航运、城市规划等部门共同研究，处理好所有“外部条件”的关系。

在可行性研究阶段，尚不可能对桥式方案作深入比选，故不需要明确提出推荐方案。对工程量的估算亦不宜偏紧。

在此两阶段内，在经济分析方面，主要涉及造价估算、投资回报，以及资金来源和偿还等问题。在“工可”阶段，应提出多个桥型方案，并进行估算造价，对资金来源和投资回报等问题应基本落实。一般来说，“预可”中要有设想，“工可”中要基本落实。

（二）初步设计

根据所批准的“工可”报告而编制的“设计任务书”，是进行初步设计的依据。在进一步的水文、地质“初勘”后，如发现原可行性研究阶段建议的桥位有问题，可适当挪动桥位轴线，推荐新桥位。

初步设计阶段，也是桥梁设计中通过酝酿、构思、最富于创造性的概念设计阶段，其工作重点是：通过多个各具创意的桥式方案的比选，推荐最优方案，报上级单位审批。在编制各个桥型方案时，要提供桥型布置图、主桥和引桥的横断面图，标明主要结构尺寸（包括重要的细节构造和尺寸），并估算工程数量，提供主要材料的用量，根据施工组织设计和概算定额编制出工程概算。初步设计的概算造价是作为控制建设项目投资和以后编制施工预算的依据。对所做的工程概算加以适当调整，可以作为招标的“标底”。

（三）技术设计

对于技术上复杂的特大桥、互通式立交或新型桥梁结构，需进行技术设计。

技术设计应根据初步设计批复意见、测设合同的要求，对重大、复杂的技术问题，通过科学试验、专题研究、加深勘探调查及分析比较，进一步完善批复桥型方案的总体和细部各种技术问题以及施工方案，并修正工程概算。如果初步设计中有批准下达的科研项目，则也要在这阶段予以实施解决。

（四）施工图设计

两阶段（或三阶段）施工图设计应根据初步设计（或技术设计）批复意见、测设合同，进一步对所审定的修建原则、设计方案、技术决定加以具体和深化，在此阶段中，必须对桥梁各种构件进行详细的结构计算，并且确保强度、稳定、刚度、裂缝、构造等各种技术指标满足规范要求，绘制出施工详图，提出文字说明及施工组织计划，并编制施工图预算。施工图设计可由原编制技术设计的单位继续进行编制，或由中标施工单位编制，但要对技术设计有所改变的部分负责。

国内一般的（常规的）桥梁采用两阶段设计，即初步设计和施工图设计，对于技术简单、方案明确的小桥，也可采用一阶段设计，即施工图设计。

三、桥梁设计方案比选

为了获得经济、实用和美观的桥梁设计，设计者需要运用丰富的桥梁建筑理论和实践知识，按照本章所述的方法与步骤，进行深入细致的分析研究工作。对于一定的建桥条件，尽可能做出基本满足要求的多种不同的设计方案，只有通过技术经济等方面的综合比较，才能科学地得出完美的最优设计。

桥梁设计方案的比选和确定可按下列步骤进行：

（一）明确各种标高的要求

在桥位纵断面图上，先行按比例绘出设计水位、通航水位、堤顶标高、桥面标高、通航净空、堤顶行车净空位置图等。

（二）桥梁分孔和初拟桥型方案草图

在上述确定了各种标高的纵断面图上，根据泄洪总跨径的要求，作桥梁分孔和桥型方案草图，作草图时思路要宽广，宁可多画几个图式，也不要遗漏可能的桥型和布置，每一图式可在跨度、高度、矢度等方面大致按比例画在同样大小的桥址断面图上。

（三）方案初选

对草图方案作技术和经济上的初步分析和判断，剔除一些在技术经济上明显相形见绌的图式，并从中选出几个（通常2～4个）构思好、各具优点但一时还难以判定孰优孰差的图式，作为进一步详细研究和进行比较的桥型方案。

（四）详绘桥型方案

根据不同桥型、不同跨度、宽度和施工方法，拟定主要尺寸，并尽可能细致地绘制各个桥型方案的尺寸详图。对于新结构，应作初步的力学分析，以准确拟定各方案的主要尺寸。

（五）编制估算或概算

依据编制方案的详图，可以计算出上、下部结构的主要工程数量，然后依据各省、市或行业的“估算定额”或“概算定额”，编制出各方案的主要材料（钢、木、混凝土等）用量、劳动力数量、全桥总造价。

（六）方案选定和文件汇总

全面考虑建设造价、养护费用、建设工期、营运适用性、美观等因素，综合分析，阐述每一个方案的优缺点，最后选定一个最佳的推荐方案。在深入比较过程中，应当及时发现并调整方案中的不尽合理之处，确保最后选定的方案是强中选强的方案。每一桥梁设计方案图中应绘出附有河床断面及地质分层的立面图和横断面图。

一般来说，造价低、材料省、劳动力少、工期短的应是优秀方案。但实际上并不尽然，因为有时当其他技术因素或使用要求（如对美观有特殊要求）上升成为设计的主要矛盾时，就不得不放弃较为经济的方案。所以，在比较时，必须从任务书提出的要求、所给的原始资料以及施工等条件中，找出所面临问题的关键所在，分清主次，才能探索出适合于各具体情况的最佳方案。

上述工作全部完成之后，着手编写方案说明书。说明书中应阐明方案编制的依据和标准，各方案的主要特色、施工方法、设计概算，以及从中选出比较方案的理由、方案比较的综合性评述。对于推荐方案，应作较详细的说明。各种测量资料、地质勘察和地震烈度复核资料、水文调查与计算资料等应按附件载入。

第三节　桥梁的维护与管理

一、概述

桥梁方便了交流与沟通，缩短了距离，为人们的生产和生活提供了方便，满足了人类社会的需要。然而，要想实现桥梁的可持续、高质量地为人类服务，并满足交通持续增长的需要，就必须对已建桥梁实行合理、规范化的管理与日常养护维修，预防发生病害，及时根治缺陷。

桥梁的建设与管理养护经常不是同一单位或部门，桥梁建成之后，由建设单位移交给管养单位，这不利于桥梁的全寿命管理。最好能在桥梁建设之初就确定桥梁的管理养护单位，这样管养单位可以不是被动地等着建设单位移交，而是在桥梁建设前期就开始介入，提出桥梁耐久性的指标，并要求设计单位在桥梁设计时考虑今后使用管理与养护的需要。

在施工阶段，管养部门要通过监理严把质量关，并积极收集施工资料，尤其是有关的桥梁施工质量监控的数据，全面了解桥梁的全部施工过程，更好地为以后的管理和养护工作服务。对于重要的桥梁，应考虑今后定期检测的需要，预先设置日后健康检测所需的测点。这些测点的设置可结合施工监测监控和成桥静动载试验进行综合考虑。

对于一些大桥和新型桥梁，在建成后通车前，一般要进行成桥静动载试验，对桥梁的控制截面的应力、控制点的挠度、主结构各方向变位、动力特性与动力响应、吊杆与系杆力等进行检测。全面分析与评定桥梁结构的承载能力与使用条件，既为成桥的验收提供了数据，也为桥梁使用管理养护提供了基础数据。成桥静动载试验所收集到的成桥初始阶段的受力性能和结构基本信息，可以用于建立桥梁档案资料，如果是属于桥梁管理系统中的桥梁，还可将这些信息输入桥梁管理系统之中。同时，测试资料有助于建立基准有限元模型，为日后的桥梁状况有限元分析、损伤识别提供对比的原始状态资料。

桥梁建成后，应实行合理、规范化的管理与日常养护维修。首先，管理与养护部门应建立资料档案，内容包括施工过程的记录、成桥静动载试验资料等，同时，基于上述试验建立基准有限元模型，以便于对桥梁结构长期监测与状态评定。将来还要对检查与维修进行定期与非定期的记录。在养护过程中，要预防病害的发生，设法解决和处理设计施工留下的缺陷，及时处理桥梁出现的缺陷。管理与养护部门应通过日常检查、定期检查和特殊检查，及时地了解通过桥梁的车辆荷载、车辆数，了解交通量，注意交通标牌设立是否完整，保持桥面的整洁，减小跳车对桥梁的冲击影响。同时，还要注意检查桥梁结构构件的使用情况，尤其是易损构件如吊杆、斜拉索、系杆、支座、伸缩缝的使用情况、锈蚀问题等，进行经常性的保护性养护与维修更换。在桥梁使用管理方面，随着现代信息技术与桥梁管理技术的发展，基于计算机信息技术的桥梁管理系统目前已得到广泛的应用。

二、桥梁的检查

桥梁管养部门要及时进行桥梁的检查，系统、准确、及时地掌握桥梁的使用与技术状况。桥梁检查可分为经常性检查、定期检查和特殊检查三种方式。

（一）经常性检查（frequency inspection）

经常性检查主要是指对桥面设施、上部结构、下部结构及附属构造物的技术状况进行的检查。经常性检查主要以目测方式进行，也可配以简单的工具进行测量，周期为每月不得少于一次；现场要登记所检查项目的缺损类型，估计缺损范围及养护工作量，提出相应的小修保养措施，为编制所管理的桥梁养护计划提供依据。如果发现桥梁重要构件存在明显缺陷，应及时向上级提交专项报告。

（二）定期检查（periodic inspection）

定期检查是指按照规定周期，对桥梁主体结构及其附属构造

物的技术状况进行定期跟踪的全面检查，为桥梁养护管理系统搜集结构技术状况的动态数据。通常依靠富有经验的专职桥梁检查工程师，以目视观察为主，辅以必要的工具、常规测量仪器、照相机和其他现场用器材等手段检查，实地判断桥梁病害原因，做出质量状况评定，并估计需要维修的范围和方法，提出交通限制的建议。对需要进一步查明原因或继续观察的缺损部件，提出特殊检查和下次检查的时间要求。

（三）特殊检查（special inspection）

特殊检查是指在特定情况下对桥梁技术状况进行鉴定，判定桥梁承载能力，以采取加固、改善措施。通常分为专门检查和应急检查。

专门检查：根据经常性检查和定期检查的结果，对需要进一步判明损坏原因、缺损程度和使用能力的桥梁，针对病害进行专门的现场试验检测、验算与分析等鉴定工作。

应急检查：当桥梁受到灾害性损伤后，为了查明破损状况，采取应急措施，组织恢复交通，对结构进行的详细检查和鉴定工作。

三、桥梁的养护与维修

（一）养护与维修内容

从内容来看，桥梁的养护有广义和狭义之分。广义的桥梁养护包含桥梁的使用管理、日常养护、维修、加同与改建（造）等内容。狭义的桥梁养护（maintenance）是指桥梁的日常养护，这里所说的桥梁养护指的是狭义的桥梁养护。

从目的来看，养护又可分为预防性养护与治疗性养护。预防性养护指日常进行的、为防止桥梁出现故障而进行的保养工作；或在桥梁出现小毛病时就进行工程量不大的更换和维修，以防止桥梁大故障出现的养护工作。所以，养护与维修工作是分不开的。预防性养护具有系统性、计划性和前瞻性的特点，养护的依据是事先编制的养护计划。治疗性养护是在桥梁出现故障或事故发生后要进行的养护措施，也称基于故障的养护。治疗性养护是事后的补救，无计划性，往往带有突发性，且需要大量资金，并对正常交通有重大影响，在桥梁养护中应尽量避免，但一旦出现要尽快解决。

目前，我国桥梁日常养护人员所受教育程度普遍较低，受专业训练水平更低，主要是临时雇用的保洁人员。因此，加强对这个基本队伍的培训，提高他们发现桥梁病害和小修的能力，增强责任感，是一项十分重要的工作。

（二）养护工程管理

桥梁养护工程要积极采用现代化管理手段和先进养护技术，大力推广和应用新技术、新材料、新工艺、新设备，不断提高桥梁养护管理技术水平。同时，把养护工程质量管理放在首位，建立健全质量控制体系，严格检查验收制度，提高投资效益。

养护维修作业单位应根据国家规定，建立安全管理部门，配备专职或兼职安全管理人员。作业时，养护作业人员要配备专门的工具设备和特别的保护措施，严格遵守各项安全技术操作规程。养护工作管理人员要特别注意那些影响工作区安全的因素，对养护维修安全作业进行监督和检查。养护维修作业的设施应始终处于良好的工作状态，在作业完成前，不能随意撤除或改变安全设施的位置、扩大或缩小控制区范围，以保证养护维修作业控制区安全控制的有效性。

由于桥梁往往是交通的咽喉，所以日常的养护一般不宜进行交通全封闭作业，而开放交通条件下的养护作业更应注意安全防护，设置作业控制区并制定交通控制方案是非常必要的。对于特大桥，在进行养护维修作业控制区的布置时，要尽量减少封闭车道，至少要保持一条车道的畅通，最好只封闭一条车道。

四、桥梁健康监测

桥梁健康监测（health monitoring）是指对运营阶段的桥梁结构及其工作环境进行实时监测，并根据监测得到的信息分析桥梁结构的健康状况，评价桥梁承受静、动载的能力以及结构的安全可靠性，为运营维护管理提供决策依据。它是当前桥梁工程研究的一个热点，已引起国内外桥梁使用与管理部门的高度重视。在这方面的研究与应用正处于起步阶段，目前在一些投资大、重要性突出的桥梁中已经开始了这项应用。如何根据我国的环境与经济特点和桥梁特点，探索出经济、实用、方便、有效的桥梁使用状态的健康诊断与长期监测系统，是一个亟待研究的课题。

健康监测是一个复杂的系统工程，需要多方面的工作，内容主要包括软件与硬件部分。软件部分主要由数据采集、信息管理以及智能健康诊断和安全预警与决策等模块组合而成。其中数据采集、信息管理模块应在桥梁结构投入使用后就开始工作，获取桥梁结构最为原始的信息资料；而智能健康诊断和安全预警与决策模块则应在相应的规定期限内完成，使其尽快充分地发挥作用。硬件部分主要是指系统中安装的所有检测仪器和相应的信号传输设备以及监控装置。这些硬件设备的开发、安装、调试应与桥梁的施工过程以及系统软件的开发协调一致。

基于振动信息的无损伤检测技术，目前在航天机械等领域得以广泛研究。由于该方法的无损伤性，且在桥梁运营过程中，桥梁结构的振动信息可以通过环境振动法获得，简单易行，因此这一方法已成为结构整体性能评估研究的热点，具有较强的发展潜力。

结构模态参数常被用作结构的指纹特征，也是系统识别方法和神经网络法的主要输入信息。另外，基于结构应变模态、应变曲率以及其他静力响应的评估方法也在不同程度上显示了各自的检伤能力。然而，尽管某些整体性评估技术已在一些简单的结构上成功应用，但还不能可靠地用于复杂结构。阻碍实际应用的主要原因有：结构与环境的不确定性和非结构因素影响；测量信息谱不完备；测量精度不足和测量信号噪声；桥梁结构赘余度大，并且测量信号对结构局部损伤不敏感。

桥梁健康监测系统理论的研究主要集中于结构整体性评估和损伤识别。结构整体性评估方法可以归结为模式识别法、系统识别法以及神经网络方法三类。

应该提出的是，桥梁实时健康监测的理论与技术还处于发展阶段，还存在许多问题，如埋设在结构中的传感器等测试器件的测试范围有限，其寿命可能低于结构的寿命；大量测试数据的处理和有效利用，以及实时健康监测所需的经费与它的效果的比值，都是确定一座桥梁是否需要进行实时健康监测时所要考虑的。在当前的情况下，除特大跨径或具有特殊性的桥梁，以及实时健康监测的试验研究的桥梁进行实时健康监测外，一般的桥梁以定期和不定期的检查更为合适。

第二章 桩基的结构设计

第一节 桩基设计的基本要求、流程与验算内容

一、桩基设计的基本要求

桩基的设计必须满足三个方面的要求：一是必须保证桩基是长期安全适用的；二是合理且经济的；三是必须考虑施工上的方便快速。此外，桩和承台应有足够的强度、刚度和耐久性，地基（主要是桩端持力层）应有足够的承载力，且不产生过量变形。

桩基设计的安全性要求包括两个方面：一是桩基与地基土相互之间的作用是稳定的且变形满足设计要求；二是桩基自身的结构强度满足要求。前者要求桩基在设计荷载作用下具有足够的承载力，同时保证桩基不产生过量的变形和不均匀变形；后者要求桩基结构内力必须在桩身材料强度容许范围以内。

桩基设计的合理性要求桩的持力层、桩型、桩的几何尺寸及自身参数和桩的布置尽可能地发挥桩基承载能力。按受力确定桩

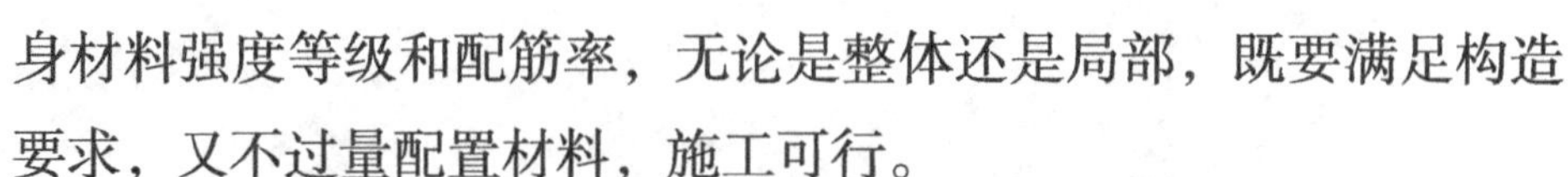

身材料强度等级和配筋率，无论是整体还是局部，既要满足构造要求，又不过量配置材料，施工可行。

桩基设计的经济性要求是指桩基设计中充分把握桩基特性，通过多方案比较，寻求最佳设计方案，最大限度地发挥桩基的性能，力求使设计的桩基造价最低，又能确保长久安全。

不同的柱基有着各自的一些特点，设计时应加以考虑，见表2–1。

表 2–1　各类桩基的设计特点

桩基类型	设计中应注意的问题
建筑物桩基	1. 群桩竖向承载力要满足上部结构荷载要求，沉降量要满足变形要求 2. 可考虑承台底土的反作用力，即“桩土共同作用”，以节约工程造价 3. 考虑边载作用对桩产生的力矩和负摩阻力 4. 考虑特殊情况下对桩产生的上拔力 5. 考虑桩的负摩阻力作用 6. 基坑开挖对桩的水平推力
桥梁桩基	1. 群桩竖向承载力要满足上部结构荷载要求，沉降量要满足变形要求 2. 应充分考虑荷载的最不利组合 3. 考虑桥桩拉力作用以及桥墩（台）桩的水平荷载 4. 考虑路堤的边载使桩受到负摩擦力和弯矩的作用 5. 考虑浮托力与水流冲刷作用
港工桩基	1. 群桩竖向承载力要满足上部结构荷载要求，沉降量要满足变形要求 2. 考虑桩型要有足够的刚度和耐久性 3. 考虑坡岸稳定性对桩的影响 4. 考虑码头大量堆载对桩产生的负摩阻力及水平力 5. 考虑高桩码头的群桩效应 6. 考虑水的托浮、倾覆力矩对桩产生的上拔力

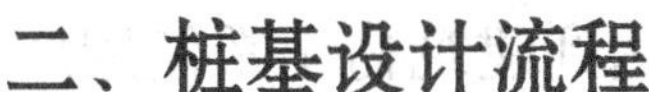

二、桩基设计流程

一般情况下，桩基础设计的基本流程如下：

①确定桩基础的设计等级与设计原则。

②桩型、桩断面尺寸、桩长的选择。

③确定单桩承载力。

④确定桩数及布桩。

⑤群桩承载力与沉降验算。

⑥桩基中各桩受力计算。

⑦桩身结构设计。

⑧承台设计。

三、规范对桩基设计验算内容要求

（一）建筑桩基安全等级

根据桩基损坏造成建筑物破坏后果（危及人的生命、造成经济损失、产生社会影响）的严重性，桩基设计时应根据表 2–2 选定适当的安全等级。

表 2–2　建筑桩基安全等级

安全等级	破坏后果	建筑物类型
一级	很严重	重要的工业和民用建筑物，对桩基变形有特殊要求的工业建筑
二级	严重	一般的工业与民用建筑物
三级	不严重	次要的建筑物

（二）桩基的极限状态

桩基的极限状态分为下列两类：

承载力极限状态：对应于桩基达到最大承载能力或整体失稳或发生不适于继续承载的变形。

正常使用极限状态：对应于桩基达到建筑物正常使用所规定的变形限值或达到耐久性要求的某项限值。

（三）桩基设计时需进行的承载能力计算

所有桩基均应进行承载能力极限状态的计算，主要包括以下几方面：

①桩基的竖向承载力计算（抗压和抗拔），当主要承受水平荷载时应进行水平承载力计算。

②对桩身及承台承载力进行计算。

③当桩端平面以下有软弱下卧层时，应验算软弱下卧层的承载力。

④对位于坡地、岸边的桩基应验算整体稳定性。

⑤需进行抗震验算的桩基，应做桩基的抗震承载力验算。

⑥承载力计算时，应采用荷载作用效应的基本组合和地震作用效应组合。荷载及抗震作用应采用设计值。

（四）建筑桩基的变形验算

以下情况应进行桩基变形验算：

①桩端持力层为软弱土的一、二级建筑桩基以及桩端持力层为黏性土、粉土或存在软弱下卧层的一级建筑桩基，应验算沉降；并宜考虑上部机构与基础的共同作用。

②受水平荷载较大或对水平变位要求严格的一级建筑桩基应验算水平变形。

③沉降计算时应采用荷载的长期效应组合，荷载应采用标准值；水平变形、抗裂、裂缝宽度计算时，根据使用要求和裂缝控制等级应分别采用荷载作用效应的短期效应组合或短期效应组合

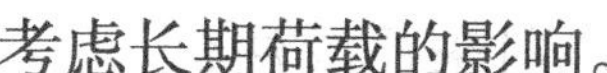

考虑长期荷载的影响。

建于黏性土、粉土上的一级建筑桩基及软土地区的一、二级建筑桩基，在其施工过程及建成后使用期间，必须进行系统的沉降观测直至沉降稳定。

第二节 桩型的选择

桩型与工艺的选择应根据建筑结构类型、荷载性质、桩的使用功能、穿越土层、桩端持力层土类、地下水位、施工设备、施工环境、施工队伍水平和经验，以及制桩材料供应条件等，选择经济合理、安全适用的桩型和成桩工艺。

应考虑的因素包括：

①结构类型与荷载。

②地质条件，包括地层类别、土性、地下水赋存情况。

③施工条件与环境，指当地经验、设备场地作业空间、非浆排渣条件、噪声振动控制等。

④对于深厚软土场地，多层、小高层建筑可选用预应力管桩或空心方桩，而高层和超高层建筑，宜采用灌注桩。

⑤对于以一般黏性土、粉土为主的场地，适用性强的灌注桩可作为首选。当土层承载力较低且无浅埋硬夹层时，多层、小高层建筑可选用预应力管桩或预应力空心方桩。

⑥对于填土和液化土场地，填土中若不含粒径 15cm 以上的大块碎石，可选用中小直径预应力管桩。当桩端持力层埋深很大，

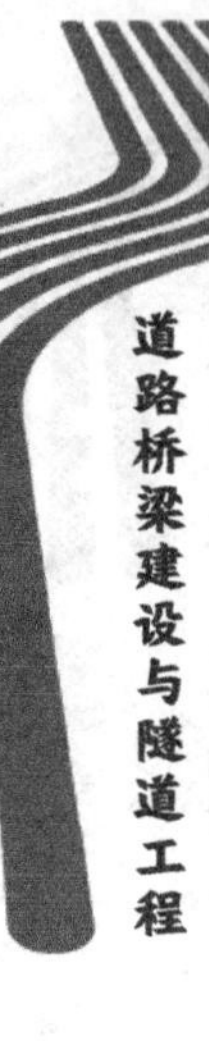

桩长过大（＞50m）或建筑物荷载集度高，也可采用灌注桩。

⑦对于湿陷性黄土场地，当土层较薄时，可采用后注浆灌注桩。而对土层较厚的高层住宅，采用满布中小桩径的预应力管桩。

⑧对于岩溶场地，由于预制桩无法入岩，故不宜采用预制桩，多采用灌注桩，但成桩过程十分复杂，要因地制宜。

⑨对于虚填块石场地，在沿海和内陆山区，采用开山爆破大块石填海或填谷造地。成桩难度大，迄今未开发出机械成孔设备和方法。

⑩采用嵌岩桩时应考虑场地基岩埋藏深度、建筑物荷载大小与埋深。

⑪挤土沉管灌注桩用于淤泥和淤泥质土层时，应局限于多层住宅桩基。

⑫抗震设防烈度为8度及以上地区，不宜采用预应力混凝土管桩和预应力混凝土空心方桩。

第三节　桩的布置

一、规范对桩基布置的要求

桩的布置应符合如下的规定：

①基桩的最小中心距应符合表2-3的规定；当施工中采取减小挤土效应的可靠措施时，可根据当地经验适当减小。

表 2–3 基桩的最小中心距

土类与成桩工艺	——	排数不少于 3 排且桩数不少于 9 根的摩擦型桩基	其他情况
非挤土灌注桩	——	3.0d	3.0d
部分挤土桩	非饱和土、饱和非黏性土 饱和黏性土	3.5d 4.0d	3.0d 3.5d
挤土桩	非饱和土、饱和非黏性土 饱和黏性土	4.0d 4.5d	3.5d 4.0d
钻、挖孔扩底桩	——	2D 或 D + 2.0m（当 D > 2m）	1.5D 或 D + 1.5m（当 D > 2m）
沉管夯扩、钻孔挤扩桩	非饱和土、饱和非黏性土 饱和黏性土	2.2D 且 4.0d 2.5D 且 4.5d	2.0D 且 3.5d 2.2D 且 4.0d

注：1.d 为圆柱设计直径或方桩设计边长；D 为扩大段设计直径。

2. 当纵横向桩距不相等时，其最小中心距应满足“其他情况”一栏的规定。

3. 当为端承桩时，非挤土灌注桩的“其他情况”一栏可减小至 2.5d。

②排列基桩时，宜使桩群承载力合力点与竖向永久荷载合力作用点重合，并使基桩受水平力和力矩较大方向有较大抗弯截面模量。

③对于桩箱基础、剪力墙结构桩筏（含平板和梁板式承台）基础，宜将桩布置于墙下。

④对于框架—核心筒结构桩筏基础应按荷载分布考虑相互影响，将桩相对集中布置于核心筒和柱下；外围框架柱宜采用复合桩基，有合适桩端持力层时，桩长宜减小。

⑤应选择较硬土层作为桩端持力层：桩端全断面进入持力层的深度，对于黏性土、粉土不宜小于 2A，砂土不宜小于 1.5A，

碎石类土不宜小于 1d。当存在软弱下卧层时，桩端以下硬持力层厚度不宜小于 3d。

⑥对于嵌岩桩，嵌岩深度应综合荷载、上覆土层、基岩、桩径、桩长诸因素确定；对于嵌入倾斜的完整和较完整的全断面，深度不宜小于 0.4d 且不小于 0.5m，倾斜度大于 30% 的中风化岩，宜根据倾斜度及演示完整性适当加大嵌岩深度；对于嵌入平整、完整的坚硬岩和较硬岩的深度不宜小于 0.2d，且不应小于 0.2m。

二、常见的桩基平面布置形式

桩的平面布置形式有方形、矩形、三角形、梅花形等，条形承台下的桩，可采用单排或双排布置，对于大直径桩采用一柱一桩布置。

群桩的合理排列也能达到减小承台尺寸的目的，实践中应用的排列形式，柱下多为对称多边形；墙下多为行列式；筏或箱下则尽量沿柱网、肋梁或隔墙的轴线设置，

三、桩端持力层的选择

持力层是指地层剖面中某一能对桩起主要支承作用的岩土层。持力层的选用取决于上部结构的荷载要求、场地内各硬土层的深度分布、各土层的物理力学性质、地下水性质、拟选的桩型及施工方式、桩基尺寸及桩身强度等。桩端持力层的性质、埋深影响到桩基承载力、沉降等形状，实际上也决定了桩长。桩端持力层的选定应考虑以下因素：

（一）考虑上覆土层性质和桩长径比

上覆土层强度和模量越高，单桩荷载传递的有效长径比（或临界长径比）l/d 越小，对群桩而言，还应考虑群桩效应。

（二）考虑桩型与成桩工艺

对于钻挖孔灌注桩，可适用于各种桩端持力层，按设计要求达到所需深度不存在施工困难。对于挤土预制桩，不仅要考虑桩端进入持力层的可贯入性，还应考虑其对硬砂夹层等的穿透性。

（三）考虑工程特点和荷载

应根据上部结构荷载要求和沉降要求来选择桩端持力层；不同高度的建筑物应选择不同的桩长、桩径以及持力层；对于倾斜地层，桩端持力层的选择不但要满足承载力的要求，还要满足稳定性的要求。

四、桩长与桩径的选择

桩长与桩径要受到下列各种因素的影响：桩的荷载特性（大小、作用方向、动力还是静力）、桩打入地层的土力学特性、打桩方式、桩的类型与桩材等。

（一）桩长的选择

在确定桩长时，大致从以下因素考虑：

1. 荷载条件

上部结构传递给桩基的荷载大小控制单桩设计承载力，因而也是控制桩长的主要因素。

2. 地质条件

桩的最大可能打入深度或埋设深度，以及沉降量都与地层层次的排列有密切关系。

3. 地基土的特性

对于不同的地基土，桩长应有不同的考虑。例如：对于可液化土，桩长应穿过可液化砂层，并有足够长度伸入稳定土层；对

于湿陷性黄土，桩长必须大于湿陷性土层厚度等。

4. 桩—土相互作用条件

为使桩—土相互作用发挥最佳的承载效果，采用较长的桩、较少的桩数、较大的桩距和较大的单桩设计荷载，通常是比较经济的。

5. 深度效应

在确定桩长时，桩端进入持力层的深度和摩擦桩的入土最小深度应分别不小于端阻临界深度 hcp 和侧阻临界深度 hcs，且桩端离软卧层的距离一般不应小于临界厚度。

6. 压屈失稳可能性

在相同的侧向约束、相同的桩顶约束以及相同的桩端约束条件下，桩越细长越容易出现压屈失稳，故在必要时要进行压屈失稳验算来验证所确定的桩长。

（二）桩径的选择

确定桩长时要考虑的一些因素也同样适用于桩径。设计时还应该注意到如下规定和原则：

①桩径的确定要考虑平面布桩和规范对桩间距的要求。

②一般情况下，同一建筑物的桩基应该选用同种桩型和同一持力层，但可以根据上部结构对桩荷载的要求选择不同的桩径。

③桩长的选择应考虑长径比的要求，同时按照不出现压屈失稳条件来校验所采用的桩长径比。

④按照桩的施工垂直度偏差控制端承桩的长径比，以避免相邻两桩出现桩端交会而降低端阻力。

⑤对桩径的确定，要考虑各类桩型施工难易程度、经济性和对环境的影响程度以及打桩挤土等因素。

⑥当桩的承载力取决于桩身强度时，可由式（2-1）估算桩径：

$$A = \frac{Q_u}{\phi\varphi f_{ck}} \tag{2-1}$$

式中：Q_u ——与桩身材料强度有关的单桩极限承载力，kN；

φ ——钢筋混凝土受压构件的稳定系数；

ϕ ——施工条件系数；

f_{ck} ——混凝土的轴向抗压强度，kPa；

A ——桩身截面积，m^2。

⑦在考虑抗震设计时，桩的上段部位配筋应满足抗震构造要求或扩大桩径。

⑧当场地要考虑桩的负摩阻力时，桩径要做中性点的桩身强度验算。

（三）桩的最小长径比的综合确定

对于桩的最小长径比建议按如下原则确定：对于上覆松散、软弱土层情况，最小长径比 1 /d 宜取不小于 10；对于上下土层变化较小的情况，最小长径比宜取不小于 7；桩端进入持力层的深度不应小于规范规定值，且应考虑桩的长径比接近临界最小值，应适当加深。对于嵌入中等强度以上完整基岩中的嵌岩桩，可不受最小长径比的限制。

第四节　钢筋混凝土预制桩的构造

钢筋混凝土预制桩分为方桩和管桩两大类，而且常采用预应力混凝土。方桩制造方便，通常采用整根预制，必要时也可分节制造；方桩的接桩也较方便。此外，方桩与同面积（同为实心）的圆桩相比，侧摩擦力可提高 13%。某些地区在岸坡或临近驳岸处，为抵抗土压力或增加岸坡的稳定性，采用矩形断面，其长边垂直于岸线，以增加桩的抗弯能力，具有一定效果。在外海和水流流速较大的地区，采用圆桩可减小波浪及水流产生的压力，比方桩有明显的优越性。特别是预应力管桩具有良好的性能，在铁路桥梁工程和建筑工程中应用较多。

一、钢筋混凝土方桩

普通钢筋混凝土方桩即非预应力钢筋混凝土方桩，桩身混凝土强度等级不宜低于 C35，常用的截面边长 200 ~ 550mm，在建筑工程中采用较多，也可在内河小型码头中采用。

预应力混凝土方桩是港口工程中应用较多的桩型，桩身混凝土强度等级不宜低于 C40。预应力混凝土方桩的断面一般为 200mm × 200mm ~ 500mm × 500mm。当断面边长大于或等于 300mm 时，桩身内可做成圆形空心（一般采用充气胶囊做内模），以减轻自重，有利于存放、吊运和吊立，空心直径根据桩断面的大小而定，保证有一定的壁厚。桩身、桩的配筋以及桩尖应符合如下要求：

（一）空心方桩的桩身

①桩的外保护层应满足水运工程混凝土结构设计的相关要

求，内壁保护层厚度不宜小于 40mm。采用胶囊抽芯制桩工艺时应考虑胶囊上浮的影响。

②对于锤击下沉的空心桩，在桩顶 4 倍桩宽范围内应做成实心段。对于遭受冻融和冰凌撞击的地区，桩顶实心段长度应适当加长，最好采用实心桩，以增加桩的耐久性。

预应力桩桩身混凝土的强度等级不低于 C40。

（二）桩的主筋

①主筋直径一般不小于 14mm。当桩宽大于或等于 45cm 时，主筋根数不宜小于 8 根；当桩宽在 45cm 以下时，不得小于 4 根。

②主筋宜对称布置，当外力方向固定时，允许增加附加短筋，以抵抗局部内力，所加短筋应有足够锚固长度，并保证沉桩后符合受力要求。

③钢筋混凝土桩宜采用 HRB400 级和 HRB500 级钢筋作为主筋，预应力混凝土桩的主筋宜采用冷拉 RRB400 级钢筋，配筋率均不小于桩截面面积的 1%。

（三）桩的箍筋

①箍筋一般采用 HPB300 级、HRB335 级、HRB400 级钢筋，直径宜为 6 ~ 8mm，且做成封闭式。

②钢筋混凝土桩的箍筋间距不应大于 400mm，预应力混凝土桩的箍筋间距一般取 400 ~ 500mm。对于承受较大锤击压应力的桩，箍筋宜适当加密。

③当桩每边主筋大于等于 3 根时，应设置附加箍筋，且间距可适当放大。但采用胶囊抽芯工艺制作空心桩时，固定胶囊的附加箍筋间距不应大于 500mm，以减小空腔偏心。

④在桩顶4倍桩宽和桩端3倍桩宽范围内箍筋的间距宜加密到50～100mm，并在桩顶设置3～5层钢筋网，其钢筋直径为6～8mm，两个方向上的钢筋间距均为50～60mm。钢筋网应与桩顶箍筋相连。桩尖部分斜向钢筋不应少于4根，并应设置间距为50～100mm、直径为6mm的箍筋。当桩尖部分另加短筋时，所加短筋直径不应小于主筋直径，且在桩内应有足够的锚固长度，并应与主筋相连。

（四）桩尖

①桩尖一般做成楔形，便于桩的打入，其长度约为1.0～1.5倍桩宽。

②当桩需穿过或进入硬土层时，桩尖长度宜取较大值；当需打入风化岩层、砾石层或打穿柴排等障碍物而沉桩困难时，宜在桩尖设置穿透能力强的桩靴，也可在桩端设置H形钢桩，形成组合桩，以增加打入风化岩的深度，H形型钢伸出混凝土桩端长度可根据具体情况确定，但不宜小于1.0m。

二、预应力混凝土管桩

预应力混凝土管桩按生产工艺可分为两类：

一是先张法预应力混凝土管桩，由预制预应力管节拼接，采用焊接或法兰盘螺栓连接形成。

二是后张法预应力混凝土管桩，由预制混凝土管节拼接，并采用后张法预加应力形成。先张法预应力混凝土管桩是桥梁工程和工业与民用建筑中应用较广的一种桩型，主要由圆筒形桩身、端头板和钢套箍等组成。按其强度等级可分为预应力混凝土管桩（代号PC桩）和预应力高强混凝土管桩（代号PH

桩）。前者混凝土强度等级不低于C60，后者不低于C80。管桩外径300 ~ 1000mm，壁厚60 ~ 130mm。常用管径为400mm和500mm，前者壁厚90 ~ 95mm，后者壁厚100mm。也有厂家生产壁厚125mm的“厚壁桩”和壁厚只有70mm的“薄壁桩”，以适应实际工程的需要。管桩节长一般不超过15m，常用8 ~ 12m，根据设计使用的要求，也少量生产过4 ~ 5m长的短节桩和节长为25 ~ 30m的管桩。我国将先张法预应力管桩按混凝土抗裂弯矩和极限弯矩的大小分为：A型、AB型、B型和C型，其有效预压应力值分别约为3.92MPa、5.88MPa、7.85MPa和9.81MPa。对于预压应力为4.0M ~ 5.0MPa的管桩，打桩时桩身一般不会出现横向裂缝所以对于一般的建筑工程，选用A类或AB类型桩即可。

后张法预应力混凝土桩也称为雷蒙德桩，在我国港口工程中采用较多。我国生产的雷蒙德桩管节长4m，外径1000mm和1200mm。首先用离心、振动、棍压三个系统组成的离心振动成型机生产管节，运至施工工地后按需要的桩长拼接。管桩的拼接包括用黏结剂黏结管节，用自动穿丝机将钢丝束穿入预留孔，在管桩两端同时张拉和对预留孔道用压力灌入水泥浆填塞。这种大直径管桩与预应力混凝土方桩比，强度高，密度大，耐锤击，承载力大；与钢桩比，耐久性好，使用寿命长，不需要经常维护，用钢量仅为钢桩的1/8 ~ 1/6，成本仅为钢桩的1/3 ~ 1/2，故很有发展前途。缺点是生产工艺和设备复杂。大管桩的主筋采用单股或双股钢绞线，沿周长均匀布置，且不少于16根。箍筋采用Ⅰ级钢筋，直径不得小于6mm，并做成螺旋式，桩顶管节和普通管节两端部在1m范围内螺距取50mm，其余应取100mm。固定箍筋的纵向架立筋宜采用Ⅱ级钢筋，直径一般为 7mm。大管桩壁厚应满足钢绞线预留孔及内外保护层的要求，预留孔的灌浆应密实，灌浆材料的强度不得低于 40MPa，并应满足握裹力的要求。为消除打桩过程中水锤现象对桩身的不利影响，应在桩身适当部位预留排水孔，孔径取 50mm。当桩需打入风化岩层、砾石层、黏土层，沉桩困难时，可设置钢桩靴，并在桩顶设钢板箍。

第五节　钢筋混凝土预制桩的强度计算

桩的设计除验算单桩侧面土和桩底土的承载力，以及群桩周围土的承载力外，还需要进行材料的强度、抗裂计算。

一、强度和抗裂计算要点

强度是保证桩能正常工作的重要条件，因此，预应力混凝土桩和普通钢筋混凝土桩在施工和使用时期，均应满足强度要求，进行正截面承载力计算。

施工期预应力混凝土桩锤击沉桩应力验算应满足式（2-2）要求：

$$\gamma_s \sigma_s \leqslant \frac{\sigma_{pc}}{\gamma_{pc}} + f_t \tag{2-2}$$

式中：γ_s——锤击沉桩拉应力分项系数，取 1.0；

σ——锤击沉桩桩身设计拉应力标准值，MPa；

σ_{pc}———扣除全部预应力损失后桩边缘混凝土的预应力值，MPa；

γ_{pc}——混凝土预应力分项系数，取 1.0；

f_1———混凝土轴心抗拉强度设计值，MPa。

对预应力混凝土构件要求在使用和施工阶段都要满足抗裂度要求，对普通钢筋混凝土桩在锤击、使用的过程中不要求抗裂，但规定桩在吊运和吊立过程中要求抗裂，故设计时应避免桩断面过小、细长比过大的情况，以免在施工中发生问题。

桩在进行强度计算和抗裂性验算时，计算荷载应根据施工和使用时期可能同时出现的最不利情况组合。桩在进行正截面承载力计算和抗裂验算时，应根据实际受力情况，按表 2-4 计算。

表 2-4　桩的正截面承载力计算及其抗裂度验算

项目	作用和作用效应
正截面受压	（1）受压桩轴向压力 （2）锤击沉桩压应力 （3）受压桩轴心压力与弯矩的组合
正截面受拉	（1）锤击沉桩拉应力 （2）受拉桩轴心拉力 （3）受拉桩轴心拉力与弯矩的组合
正截面受弯	吊运和其他阶段产生的弯矩

注：承受较大扭矩或剪力作用时，应对受扭或受剪情况进行验算。

二、吊桩内力

钢筋混凝土预制桩和预应力混凝土桩从出槽到沉桩过程中，桩身会产生较大的拉应力。尤其在水中沉桩时，桩吊立过程中（桩由水平变为垂直吊入打桩设备龙口），由于自重、水浮力的作用，桩身可能产生最大的拉应力，桩的强度和抗裂度往往受此控制。桩在吊立过程中影响内力大小的主要因素除吊点位置外，还与下吊索的长度桩轴和水平面的夹角等相关，还要考虑到便于施工。

根据使用经验，对于各类型的管桩，采用四点吊可满足要求，其中钢管桩由于抗弯能力强，一般采用二点吊。

三、沉桩应力

实践表明，无论是锤击沉桩还是振动沉桩，沉桩时桩身各部位产生沉桩拉应力和沉桩压应力，由此可能引起桩身的横向裂缝、纵向裂缝和桩头压坏。

（一）沉桩拉应力

影响桩身拉应力值大小的因素很多，主要有锤、垫、桩、土等。

1. 锤击能量

沉桩拉应力随锤击能量的加大而加大。当锤击能量一定时，桩身拉应力随锤重增加而减小。为了保证桩能顺利地打入土中而又不致使桩因锤击而破坏，可根据桩断面尺寸、土质等情况选用合适的桩锤。

2. 桩垫

沉桩应力随桩垫弹性的增大而减小，但弹性太大，将吸收大量的锤击能量，从而增加沉桩时间，降低施工效率。

3. 桩长

锤击拉应力在很大程度上取决于桩长与应力波波长的比值。锤击产生的应力波波长变幅大致在 12 ~ 50m，当桩长小于应力波波长时，产生的拉应力较小。

4. 土质条件

桩周土质条件不但决定反射应力波的性质，而且也决定应力波的强度，由此影响锤击应力值。

此外，桩的预制质量不均匀，桩顶高低不平、桩身不直以及偏心锤击都会加大锤击应力值。桩进入嵌固位置后强力矫正桩位，

使桩在受弯或受扭状态下进行锤击，也会引起非锤击应力和过大的锤击应力。由于影响锤击沉桩应力的因素较多，并且带有随机性，现通常利用波动方程计算沉桩应力。

为了保证打桩时桩不被打断或打裂，又避免采用过高的配筋率，考虑锤击沉桩时，桩身设计拉应力标准值的取值应根据锤型、锤击速度、桩垫性能、桩长及土质情况等综合考虑。其中预应力混凝土方桩，可取 5.0MPa、5.5MPa、6.0MPa、6.5MPa4 级；对预应力混凝土管桩，可取 6.0 ~ 11.0MPa。当符合以下情况之一时可取较小值：

①锤型和锤击速度较小时。

②采用弹性较大的软桩垫。

③桩长小于 30m。

④无明显的软、硬土层相间情况。另外，对有沉桩经验的地区且经过论证，压应力标准值可适当增减。

（二）沉桩压应力

沉桩压应力最大值一般发生在沉桩终期。桩头是直接承受桩锤打击的部分，该处产生的压应力往往最大，引起桩顶的破坏。为了避免这种情况的发生，通常对桩头进行加强（如设钢筋网、加密箍筋）。有时打桩压应力出现在桩底端（特别是端承桩的桩底端），此时，需对桩端采取加强措施。

在打击力的作用下，桩身混凝土也在顺桩轴方向上发生压缩变形。由于材料的泊松效应，桩身混凝土在垂直桩轴方向上产生横向拉张变形。混凝土的抗拉变形能力比抗压变形能力小得多，特别是随着桩长和沉桩能力的加大使垂直桩轴方向的横向拉张变形过大，桩身顺桩轴方向产生纵向裂缝。随着打击力的重复作用，桩身的纵向裂缝逐渐增多、加宽、伸长致使桩破坏。预应力混凝土桩本身已承受纵向预压力，对抵抗拉应力是有利的。管桩采用射水沉桩、桩尖遇到硬土层时，桩尖的射水往往出不去，发生返回管桩内部的现象，以及由于锤击可能出现的水锤效应，致使桩壁承受较大的内压力也易使桩身产生纵向裂缝。考虑锤击沉桩时，拉应力标准值应根据桩端支承性质、桩截面大小、桩长、选用的桩锤及地基条件综合考虑。其中，混凝土方桩可取 12.0 ~ 20.0MPa；混凝土管桩可取 20.0 ~ 25.0MPa。当符合以下情况之一时可取较小值：

①锤能和锤击速度较小时。

②采用刚度较小而弹性较大的软桩垫。

③桩长小于 30m。

④有不易造成偏心锤击的地质条件。

另外，对有沉桩经验的地区且经过论证，压应力标准值可适当增减。

第六节　灌注桩的构造

一、配筋

灌注桩的配筋与预制桩不同之处是无须考虑吊装、锤击沉桩等因素。当桩身直径为 300 ~ 2000mm 时，正截面配筋率为 0.2% ~ 0.65%，大桩径取低值，小桩径取高值。此外，由于纵筋能有效提高桩身承载力，可适当在桩顶一定范围内提高配筋率至

0.8% ~ 1.0%。

对于受水平荷载桩，其极限承载力受配筋率影响较大，主筋不应小于 8 ϕ 12，以保证受拉区主筋不少于 3 ϕ 12。对于抗压和抗拔桩，为保证桩身钢筋笼的成型刚度以及桩身承载力的可靠性，主筋不应小于 6 ϕ 10；桩身直径 d ≤ 400mm 时，不应小于 4 ϕ 10。

二、配筋长度

关于配筋长度，主要考虑周详荷载的传递特征、荷载性质、土层性质和地貌等因素。

①端承型桩和位于坡地、岸边的基桩应沿桩身等截面或变截面通长配筋。

②摩擦型灌注桩配筋长度不应小于 2/3 桩长；当受水平荷载时，配筋长度尚不宜小于 4/a（a 为桩的水平变形系数）。

③对于承受地震作用的基桩，桩身配筋长度应穿过可液化土层和软弱土层。

④受负摩阻力的桩、因先成桩后开挖基坑而随地基土回弹的桩，其配筋长度应穿过软弱土层并进入稳定土层，进入深度不小于（2 ~ 3）d（d 为桩身直径）。

⑤抗拔桩及因地震作用、冻胀或膨胀力作用而受拔力的桩，应等截面或变截面通长配筋。

三、箍筋配置

关于箍筋的配置，主要考虑三方面因素：一是箍筋的受剪作用；二是箍筋在轴向荷载下对混凝土起到约束加强作用；三是控制钢筋笼的刚度。

箍筋应采用螺旋式，直径不应小于6mm，间距宜为200 ~ 300mm；受水平荷载较大的桩基、承受水平地震作用的桩基记忆考虑主筋作用计算桩身受压承载力时，桩顶以下5d范围内的箍筋应加密，间距不应大于100mm；当桩身位于液化土层范围内时，箍筋应加密；当考虑箍筋受力作用，钢筋笼长度超过4m时，应每隔2m设一道直径不小于12mm的焊接加劲箍筋。

四、桩身混凝土及混凝土保护层厚度

考虑到桩的耐久性，桩身混凝土强度等级不得小于C25、混凝土预制桩强度等级不得小于C30，并且灌注桩主筋的混凝土保护层厚度不应小于35mm、水下灌注桩的主筋混凝土保护层厚度不应小于50mm。

五、扩底灌注桩

对于持力层承载力较高、上覆土层较差的抗压桩和桩端有一定厚度较好土层的抗拔桩，可以采用扩底方式获得较大的端承力。

第七节　灌注桩的计算

一、桩顶作用效应计算

（一）竖向力

轴心竖向力作用下：

$$N_k = \frac{F_k + G_k}{n} \tag{2-3}$$

偏心竖向力作用下：

$$N_{ik}=\frac{F_k+G_k}{n}\pm\frac{M_{xk}y_i}{\sum y_j^2}\pm\frac{M_{yk}x_i}{\sum x_i^2} \tag{2-4}$$

（二）水平力

$$N_{ik}=\frac{H_k}{n} \tag{2-5}$$

式中：F_k——荷载效应标准组合下，作用于承台顶面的竖向力；

G_k——桩基承台和承台上土自重标准值，对稳定的地下水位以下部分应扣除水的浮力；

N_k——荷载效应标准组合偏心竖向力作用下，基桩或复合基桩的平均竖向力；

N_{ik}——荷载效应标准组合偏心竖向力作用下，第 i 基桩或复合基桩的竖向力；

M_{xk}——荷载效应标准组合下，作用于承台地面，绕通过桩群形心的 x、y 主轴的力矩；xi、xj，yi、yj——第 i、j 基桩或复合基桩至 y、x 轴的距离；

N_k——荷载效应标准组合下，作用于基桩承台底面的水平力；

N_{ik}——荷载效应标准组合下，作用于第 i 基桩或复合基桩的水平力；

n——桩基中的桩数。

二、桩受水平力荷载的计算

承受水平力和力矩作用的灌注桩在泥面以下的桩身内力和变

形，可采用 m 法计算；条件具备时也可以采用 p–y 曲线法计算。另外，对承受水平荷载和全直桩群桩，在非往复水平力作用下，当采用 m 法时，可采用折减后的 m 值按单桩设计。m 值的折减系数取值规定：

①桩距不大于 3 倍桩径时，取 0.25。

②桩距不小于 6 ~ 8 倍桩径时，取 1.0。

③桩距大于 3 倍桩径且小于 6 ~ 8 倍桩径时，可采用线性插入法取值。

三、桩基竖向承载力的计算

桩的竖向承载能力，取决于桩材料的强度，或土对桩的支承能力。

当桩顶以下范围的桩身螺旋式箍筋间距不大于 100mm，且符合配筋要求时：

$$N \leqslant \varphi_c f_c A_{ps} + 0.9 f_y' A_s' \tag{2-6}$$

否则：

$$N \leqslant \varphi_c f_c A_{ps} \tag{2-7}$$

式中：N——荷载效应基本组合下的桩顶轴向压力设计值；

ϕ_c——基桩成桩工艺系数（干作业非挤土灌注桩巾 $\phi_c = 0.9$，泥浆护壁和套管护壁非挤土灌注桩、部分挤土灌注桩、挤土灌注桩 ϕ_c =0.7 ~ 0.8；软土地区挤土灌注桩 ϕ_c =0.6）；

f_c——混凝土轴心抗压强度设计值；

f_y——纵向主筋抗压强度设计值；

A_s'——纵向主筋截面面积。

四、最大裂缝宽度验算

灌注桩使用阶段需要控制裂缝宽度时，应验算荷载的长期效应组合下桩身最大裂缝宽度。最大裂缝宽度应满足下式要求：

$$W_{max} \leqslant [W_{max}] \tag{2-8}$$

式中：W_{max}——最大裂缝宽度，mm；

W_{max}——最大裂缝宽度限值，mm，按表 2-5 取值。

表 2-5 最大裂缝宽度限值单位：mm

裂缝控制等级	淡水港	海水（含河口）港					
	水上区	水位变动区	水下区	大气区	浪溅区	水位变动区	水下区
C 级	0.25	0.30	0.40	0.20	0.20	0.25	0.30

第三章　岩溶地质桥梁桩基的检测技术

第一节　应力波反射法基本原理

一、一维波动方程的推导及求解

（一）杆的纵向波动方程

理论假设：某桩为一等截面、匀质、各向同性的弹性杆件，且服从胡克定律。位移假设相当微小以至于对动力激发的反应总是线性弹性的，并假定纵波的长度比杆的横截面尺寸大得多。杆在纵向振动时，杆的横截面保持为平面，并且每个截面在这种情况下，横向位移对纵向运动的效应可以略去不计，且应力是均匀分布的。

桩长为L，截面面积为A，弹性模量为E，质量密度为ρ，取杆轴为x轴。若杆变形时平截面假设成立，受轴向力 F 作用，将沿杆轴向产生位移u，质点运动速度$v=\frac{\partial u}{\partial t}$和应变$\varepsilon=\frac{\partial u}{\partial x}$，这

些动力学和运动学参数只是 x 和时间 t 的函数。由于杆具有无穷多的振型，则每一振型各自对应的运动学参数分布形式都不同。

设在距杆端 x 处有一个长度为 dx 的单元，如果 u（x，t）为 t 时刻 x 处横截面的纵向位移，则在 x + dx 处的位移为 $u+\frac{\partial u}{\partial x}\mathrm{d}x$，显然单元在新位置上的长度变化量为 $\frac{\partial u}{\partial x}\mathrm{d}x$ 即该单元的应变。

（1）根据胡克定律，应力与应变之比等于弹性模量E，可写出：

$$A_{\sigma}=EA\varepsilon=EA\frac{\partial u}{\partial x} \tag{3-1}$$

（2）根据达朗贝尔原理，单元上的诸力应满足如下方程：

$$A\sigma+\frac{\partial(A\sigma)}{\partial x}\mathrm{d}x-A\sigma-\rho A\mathrm{d}x\frac{\partial^2 u}{\partial t^2}=0 \tag{3-2}$$

式中 σ ——截面应力；

ε ——应变。

将式（3-1）、式（3-2）两式合并移项，得

$$\frac{\partial^2 u}{\partial t^2}=\left(\frac{E}{\rho}\right)\frac{\partial^2 u}{\partial x^2} \tag{3-3}$$

将式（3-3）定义为位移、速度、应变或应力波在杆中的纵向传播速度，可得到如下一维波动方程：

$$\frac{\partial^2 u}{\partial t^2}-c^2\frac{\partial^2 u}{\partial x^2}=0$$

（二）达朗贝尔公式及波的传播

在求解常微分方程的特解时，一般先求出方程的通解，然后利用所给的定解条件去解出通解中含有的任意常数，最后得到满足所给条件的特解。这个想法能否推广到求解偏微分方程的过程

中呢？一般情况下，随着自变量个数的增加，偏微分方程的通解非常难求，并且偏微分方程的通解一般都含有任意函数，这种任意函数很难由定解条件确定为具体的函数。因此，在求解数学物理方程时，主要采用通过分析各类具体的定解问题，直接求出符合定解条件的特解的方法。但事情没有绝对的，在有些情况下，可以先求出含任意函数的通解，然后根据定解条件确定符合要求的特解，此处所研究的一维波动方程的求解，就采用了这种方式。

达朗贝尔公式：如果所考察的弦无限长，或者只研究弦振动刚开始的阶段，且距弦的边界较远的一端，此时可以认为弦的边界对此端振动的弦不产生影响。这样，定解问题就归结为如下形式：

$$\frac{\partial^2 u}{\partial t^2}=c^2\frac{\partial^2 u}{\partial x^2}\quad(-\infty<x<+\infty) \tag{3-4a}$$

$$u\big|_{t=0}=\varphi(x),\quad \left.\frac{\partial u}{\partial t}\right|_{t=0}=\psi(x) \tag{3-4b}$$

一维波动方程是双曲型的方程，故可作出如下变换，令

$$\left.\begin{aligned}\xi&=x+ct\\ \eta&=x-ct\end{aligned}\right\} \tag{3-5}$$

利用复合函数求导的规则，有

$$\frac{\partial u}{\partial x}=\frac{\partial u}{\partial \xi}\frac{\partial \xi}{\partial x}+\frac{\partial u}{\partial \eta}\frac{\partial \eta}{\partial x}=\frac{\partial u}{\partial \xi}+\frac{\partial u}{\partial \eta}$$

$$\frac{\partial^2 u}{\partial x^2}=\frac{\partial}{\partial \xi}\left(\frac{\partial u}{\partial x}\right)\frac{\partial \xi}{\partial x}+\frac{\partial}{\partial \eta}\left(\frac{\partial u}{\partial x}\right)\frac{\partial \eta}{\partial x}=\frac{\partial^2 u}{\partial \xi^2}+2\frac{\partial^2 u}{\partial \xi\partial \eta}+\frac{\partial^2 u}{\partial \eta^2}$$

将其代入式（3–4a），得

$$\frac{\partial^2 u}{\partial t^2}=c^2\left(\frac{\partial^2 u}{\partial \xi^2}+2\frac{\partial^2 u}{\partial \xi\partial \eta}+\frac{\partial^2 u}{\partial \eta^2}\right)$$

再由边界条件式（3–4b），得

$$\frac{\partial^2 u}{\partial \xi \partial \eta}=0$$

对ξ积分，得

$$\frac{\partial u}{\partial \eta}=f(\eta) \tag{3–6}$$

对式（3–6）再关于η积分，得

$$u=\int f(\eta)\mathrm{d}\eta+f_1(\xi)=f_1(\xi)+f_2(\eta)$$

即

$$u(x,t)=f_1(x+ct)+f_2(x-ct) \tag{3–7}$$

其中f_1,f_2是二次连续可微的任意函数，这样，式（3–7）可以认为是式（3–4a）的通解。

将初始条件式（3–4b）代入式（3–7）中，有

$$f_1(x)+f_2(x)=\varphi(x) \tag{3–8a}$$

$$cf_1'(x)-cf_2'(x)=\psi(x) \tag{3–8b}$$

对式（3–8b）两侧关于x在区间［0，x］上积分，有

$$f_1(x)-f_2(x)=\frac{1}{c}\int_0^x \psi(\xi)\mathrm{d}\xi+C \tag{3–9}$$

联立式（3–8a）、式（3–9），解关于$f_1(x),f_2(x)$的方程，有

$$f_1(x)=\frac{1}{2}\varphi(x)+\frac{1}{2c}\int_0^x \psi(\xi)\mathrm{d}\xi+\frac{C}{2}$$

$$f_2(x)=\frac{1}{2}\varphi(x)-\frac{1}{2c}\int_0^x \psi(\xi)\mathrm{d}\xi-\frac{C}{2}$$

将 $f_1(x),f_2(x)$ 代入式（3–7）中，即得到定解问题的解为

$$u(x,t)=\frac{1}{2}[\varphi(x+at)+\varphi(x-at)]+\frac{1}{2c}\int_{x-at}^{x+at}\psi(\xi)\mathrm{d}\xi \quad (3\text{–}10)$$

式(3–10)称为无限长弦自由振动的达朗贝尔公式，由式(3–7)可知，描述弦的自由振动的方程，其解可以表示成 $f_1(x+ct)$ 与 $f_2(x-ct)$ 之和，通过对它们进一步的分析，可以更清楚地看出振动波传播的特点。首先设 $u_1=f_1(x+ct)$，显然，它是式（3–8a）的解，当 t 取不同值时就可以得到弦在各个时刻的振动状态。当 t = 0 时，$u(x,0)=f_1(x)$，它对应初始时刻的状态。这说明当式（3–4a）的解表示为 $u_1(x,t)=f_1(x+ct)$ 时，振动形成的波是以速度 c 向左传播的。因此，函数 $f(x+ct)$ 所描述的振动现象称为左行波。同样如 $u_2(x,t)=f_2(x-ct)$ 时的函数所描述的振动现象称为右行波。由此可见，达朗贝尔公式表明：弦上的任意扰动总是以行波的形式分别向两个方向传播出去，其传播速度恰是弦振动方程中的常数 J。基于这种原因，由达朗贝尔公式（3–4a）可知，解在点 (x,t_0) 的数值仅依赖于初始条件在 x 轴的区间 $[x-ct_0,x+ct_0]$ 上的值，而与其他点上的初始条件无关，这个区间称为点 (x,t_0) 的依赖区间，它是过 (x,t_0) 点分别作斜率为 $\pm1/c$ 的直线与 x 轴相交所截得的区间。

二、行波理论

（一）上行波和下行波

一维波动方程的通解为

$$s=f(x-ct)+g(x+ct) \quad (3\text{–}11)$$

如果单独研究下行波，下行波的质点运动速度记作 $v\downarrow$，其

值为

$$v\downarrow=\frac{\partial f(x-ct)}{\partial t}=f'(x-ct)(-c)=-cf' \tag{3-12}$$

这里应注意，$v\downarrow$是表示质点运动的速度而c是波的传播速度。两者是完全不同的概念。

下行波产生的应变$\varepsilon\downarrow$为

$$\varepsilon\downarrow=\frac{\partial f(x-ct)}{\partial x}=f'(x-ct)\times 1=f'$$

于是有

$$v=-c\varepsilon$$

下行波产生的力$P\downarrow$为

$$P\downarrow=\varepsilon\downarrow\cdot AE=AE\cdot f' \tag{3-13}$$

令

$$Z=\frac{AE}{c} \tag{3-14}$$

于是有

$$\frac{AE}{c}=\frac{A\rho c^2}{c}=\rho cA$$

式中：Z——杆件的声阻抗；

A、E——杆件的截面面积和弹性模量；

c——常数。

由式（3–12）、式（3–13），式（3–14）可知下行波的质点运动速度和截面上的力之间存在着一个恒定的关系式：

$$P\downarrow=-Zv\downarrow \tag{3-15}$$

同样，对于上行波可以得到

$$v\uparrow=-\frac{\partial g(x+ct)}{\partial t}=g^{'}(x+ct)\cdot c=cg^{'}\ \mathrm{t}$$

$$\varepsilon\uparrow=\frac{\partial g(x+ct)}{\partial x}=g^{'}(x+ct)\times 1=g^{'} \quad (3\text{–}16)$$

$$P\uparrow=\varepsilon\uparrow\cdot AE=AEg^{'} \quad (3\text{–}17)$$

所以

$$P\uparrow=Zv\uparrow \quad (3\text{–}18)$$

在一般情况下，桩身上任一截面上测到的质点运动速度或力都是上行波与下行波叠加的结果。

$$v=\frac{\delta s}{\delta t}=\frac{\partial f(x-ct)}{\partial t}+\frac{\partial g(x+ct)}{\partial t}=v\downarrow+v\uparrow \quad (3\text{–}19)$$

$$P=-Z\frac{\delta s}{\delta x}=-Z\left[\frac{\partial f(x-ct)}{\partial t}+\frac{\partial g(x+ct)}{\partial t}\right]=P\downarrow+P\uparrow \quad (3\text{–}20)$$

如果将实测的质点运动速度和力记作 v_{m} 和 P_{m}，则由式（3–11）、式（3–13）和式（3–20）很容易将各时刻这一截面上的质点速度与力的上行波分量和下行波分量分离开来，即

$$\left.\begin{aligned} v&=\frac{1}{2}\left(v_{\mathrm{m}}+\frac{P_{\mathrm{m}}}{Z}\right)\\ v\uparrow&=\frac{1}{2}\left(v_{\mathrm{m}}-\frac{P_{\mathrm{m}}}{Z}\right)\end{aligned}\right\} \quad (3\text{–}21)$$

$$\left.\begin{aligned} P\downarrow&=\frac{1}{2}\left(P_{\mathrm{m}}+Zv_{\mathrm{m}}\right)\\ P\uparrow&=\frac{1}{2}\left(P_{\mathrm{m}}-Zv_{\mathrm{m}}\right)\end{aligned}\right\} \quad (3\text{–}22)$$

（二）自由端、固定端

1. 当杆端为自由端时，有边界条件

$$P = P\downarrow + P\uparrow = 0 \tag{3-23}$$

将式（3-15）、式（3-18）代入式（3-23）得

$$-Zv\downarrow + Zv\uparrow = 0$$

于是有

$$v\downarrow = v\uparrow \tag{3-24}$$

由式（3-23）得

$$P\uparrow = -P\downarrow \tag{3-25}$$

由式（3-19）、式（3-24）得

$$v = v\downarrow + v\uparrow = 2v\downarrow \tag{3-26}$$

式（3-24）、式（3-25）和式（3-26）表示应力波到达自由端后，将产生一个与入射波符号相反、幅值相同的反射波，即入射的压力波产生拉力反射波，入射的拉力波产生压力反射波。而在杆端处由丁波的叠加，会使杆端质点的运动速度增加一倍。

2. 当杆端为固定端时，有边界条件

$$0 = \downarrow\Omega + \uparrow\Omega = 2 \tag{3-27}$$

得

$$v\uparrow = -v\downarrow \tag{3-28}$$

将式（3–15）、式（3–18）代入式（3–28）得

$$P\uparrow = P\downarrow \tag{3–29}$$

同理可得：

$$P = P\downarrow + P\uparrow = 2P\downarrow \tag{3–30}$$

式（3–28）、式（3–29）和式（3–30）表示应力波到达固定端后，将产生一个与入射波相同的反射波，即入射的压力波产生压力反射波，入射的拉力波产生拉力反射波。在杆端处由于波的叠加，会使端部反力增加一倍。

第二节　基桩低应变完整性测试与分析

一、概述

基桩反射波法检测桩身结构完整性的基本原理是：通过在桩顶施加激振信号产生应力波脉冲，该应力波沿桩身传播的过程中，遇到不连续界面（如蜂窝、夹泥、断裂、孔洞等缺陷）和桩底面时，将产生反射波，然后检测分析反射波的传播时间、幅值和波形特征，从而判断桩的完整性。

假设桩中某处阻抗发生变化，当应力波从介质Ⅰ（阻抗为 Z_1）进入介质Ⅱ（阻抗为 Z_2）时，将产生速度反射波和速度透射波。

令桩身质量完整性系数 $\beta = Z_2 / Z_1$，反射系数为 a，由 $P_1\uparrow = \dfrac{2Z_2}{Z_1+Z_2}P_2\uparrow$ 与 $P_2\downarrow = \dfrac{Z_1-Z_2}{Z_1+Z_2}P_2\uparrow$ 可得

$$\alpha=\frac{v_2\downarrow}{v_2\uparrow}=\frac{Z_2v_2\downarrow}{Z_2v_2\uparrow}=\frac{P_2\downarrow}{P_2\uparrow}=\frac{Z_1-Z_2}{Z_1+Z_2}=\frac{1-\dfrac{Z_2}{Z_1}}{1+\dfrac{Z_2}{Z_1}}=\frac{1-\beta}{1+\beta}$$

令 $\Delta Z=Z_1-Z_2$，且

$Z=\rho cA$

式中：ρ——桩密度；

c——波速；

A——截面面积。

若 $\beta=1,\Delta Z=0$ 时，$\alpha=0$ 说明界面无阻抗差异，即没有反射波。

若 $\beta<1,\Delta Z>0$ 时，$\alpha>0$ 说明界面阻抗变小，出现与入射波同向的反射波。

若 $\beta>1,\Delta Z<0$ 时，$\alpha<0$ 说明界面阻抗变大，出现与入射波反向的反射波。

二、低应变现场测试前的注意事项

（一）选锤

现场检测选择不同材质的锤头或锤垫，可激发出低频宽脉冲或高频窄脉冲。低频宽脉冲有利于检测桩的深部缺陷，高频窄脉冲有利于检测桩的浅部缺陷。

当遇到大直径长桩时，应选择力棒等激发能量稍大一点的重锤（如桩长超过 20m，桩直径大于 800mm）。

当遇到小直径短桩时，应选择小铁锤或小扳手敲击（如桩长小于 5m，桩直径小于 300mm），注意掌握力度。

其他情况，采用尼龙锤可满足要求。

（二）桩头处理

桩头条件处理的好坏直接影响到测试信号的质量。桩顶表面应平整干净且无积水；应将敲击点和传感器安装点部位磨平，多次敲击信号一致性较差时，多与上述条件未达到有关。

当桩头与承台或垫层相连时，相当于桩头处存在很大的截面阻抗变化，对测试信号会产生影响。因此在测试时，桩头应与混凝土承台断开；当桩头侧面与垫层相连时，除非对测试信号没有影响，否则应断开。

（三）耦合剂的选择

较好的耦合剂有石膏、蜡烛、黄油及其他固态油、凡士林等。

三、确立砼波速 c

（一）砼强度与波速之间的关系

国内外大多数专家学者都认为，砼强度与波速之间无固定的相关关系，不同场地、不同配合比、不同龄期、采用不同厂家生产的水泥，其波速与砼强度的关系都不一样，但这并不意味着两者的关系完全不可知。事实上，有一点大家的观点相当一致，即同一场地、相同配合比的情况下波速越高，砼强度也越大。波动理论可以证明：

$$E=\rho^2$$

$$[\sigma]=F(E)$$

常用的经验参考公式为

$$[\sigma]=4.18\mathrm{e}^{0.49c}$$

式中：c——砼纵波波速（m/ms）；

$[\sigma]$——砼强度（MPa）。

表 3–1 所示为不同强度砼的波速特征值及范围，但更具体可信的波速还是要根据不同地区的大量检测数据的结果统计来完成（在确定的桩长、确定的彼标号、明显的桩底反射等条件下）。

表 3–1　不同强度砼的波速特征值及范围

砼强度等级	C15	C20	C25	C30	C35	C40
波速特征值下限	2500	3000	3500	3700	3900	1400
波速特征值上限	2800	3200	3650	3950	4100	4300

另外，不同龄期的砼强度不一样，砼强度随时间的变化曲线因水泥特性的不同而不同。速效水泥几天即可达到预期强度，普通水泥超过 14 天，强度可达到预期值的 80% 以上，只有满 28 天龄期其强度值才能完全达到要求。有下列关系式可供参考：

$$[\sigma]=[\sigma]_{28}\cdot\log_{28}n$$

式中：n——施工后的天数；

$[\sigma]$——当天抗压强度（MPa）；

$[\sigma]_{28}$——预期强度（MPa）。

（二）应力波在彼材料中传播的色散性

因为波速随着振源频率的变化而变化，所以有

$$c=F(f)$$

一般来说频率越高，信号衰减越快，波速越高；频率越低，信号衰减越慢，波速越低。

第三节　基桩高应变现场测试技术研究

一、实测曲线的初判与取舍

根据行波理论，在波形曲线开始段即传感器开始感受到冲击波，而在土阻力的回波还不明显时，在安装传感器的桩截面上只有单一的向下传播的波，在波形曲线的初始段（一般在峰值以前）P 曲线与 Zv 曲线基本重合。

当波形曲线初始段没有重合趋势时，应停止试验。仔细检查传感器和仪器状况，认真找出产生异常的原因，曲线的形状完全不重合。对于预判打入桩，桩截面尺寸是已知的。实测的 $P(t)$ 值与 $Zv(t)$ 值之间的相对误差不应大于 ±25%，通常误差在±20%以内。

当传感器感受到上行的回波时（一般情况首先是土阻力的回波）。P 曲线与 Zv 曲线开始被分开。由式（3–15）可知，当上行的回波是压力波时，$P\uparrow$ 为正值，$v\uparrow$ 为负值，由式（3–16）、式（3–17）知压力回波使传感器测到的 P 值增加，v 值减小，P 曲线与 Zv 曲线拉开，P 曲线值大于 Zv 曲线值。反之，当上行的回波是拉力波时，$P\uparrow$ 为负值，$v\uparrow$ 为正值，则 P 值减小，v 值增加，Zv 曲线大于 P 曲线值。

二、现场测试技术

高应变动力试桩技术在我国得到了长足发展，有些单位已成功地研制并开发出配套性能良好的高应变测桩设备的硬件和软件，其功能完全可与 PAK 媲美，而价格则不足其八分之一。国内

有关高应变测桩理论的研究与应用也获得了极大的成功。

国内从事高应变测桩的单位相当多，不少单位和个人在高应变测试技术及理论知识上有待进一步提高。由于许多单位以前多从事较为简单的小应变法测桩，对高应变测试技术的艰巨性与复杂性准备不足，甚至不以为然，这种心态进一步阻碍了他们测试水平的提高。

如果能解决部分单位高应变测试中存在的问题，最基本的还是协助其提高现场测试技术，获得较高质量的测试信号。

这里介绍的现场测试技术，包括桩身处理、传感器的选择与安装、锤击系统的选用、抗干扰措施和现场信号采集与数据质量的判断等。

（一）现场准备与桩身处理

我国的桩基础大部分为预制桩和灌注桩，灌注桩甚至更多，验收这些桩，必须寻找一种方法，虽然高应变测试作为各种动测法中最好的方法，但是常常不得不超出其研究范畴用于灌注桩的验收。

1. 预制桩的处理

预制桩的桩身处理较为简单。使用施工用柴油锤时，只需留有传感器的安装位置；当使用自由锤测试时，则应当清理场地确保锤击系统的使用及移动空间，传感器的安装位置自应保留。预制桩强度一般较高，桩头较平整，因此测试这种桩前无须进行桩头处理，测试时垫上合适的桩垫即可，截掉桩头或桩头打烂者，一般有必要进行处理。处理办法有两种：其一，将凸出部分敲掉或割掉，特别是出露的钢筋应当割掉；其二，重新糊上一层高强度早强水泥使桩头平整。除小口径预应力管桩稍显麻烦外，大部分预制桩桩侧非常平整，无须处理便能安装传感器。小口径预应力管桩，因曲率半径太小，不利于应力环的四只脚与桩身贴紧，有时原则上需要进行局部处理，当然这种桩并不多见。如果万一无法处理，则在传感器安装时多加注意，也能得到较好信号。

2. 灌注桩的处理

灌注桩的桩身处理十分复杂，而且使用的都是自由锤（组合锤、整体锤），现场准备也殊为不易。相关人员曾在同一个场地进行预制桩和灌注桩测试，前者由于使用柴油锤，平均 20 分钟测一根桩，后者使用组合锤，满满一天也难测两根桩。由于灌注桩桩头不平整、强度也较低，因此在测试时一定要对其进行处理。针对不同桩型，可采用下列几种办法。

（1）接长桩头（帽），传感器安放在桩帽上

这种方法因便于传感器安装（原则上传感器应装在本桩上），不会砸乱桩头，桩帽强度可以自由配制，为许多单位所喜爱。但是一旦接桩效果较差，就会严重影响上方传感器的测试信号，当上下介质广义波阻抗相差较大时，也将使测试信号的可信度降低。经常有人进行高应变法动静对比试验时，在静压桩桩帽上安装传感器，这种桩帽的截面面积比桩身截面面积往往大得多，结果测得有断桩信号，自然毫无分析的价值。对于这种曲线再怎么调整也没有用。

这种方法的另一个缺点是成本较高，工期很长，往往不被施工单位和甲方所接受，但一定的宣传导向还是可以使他们接受的。

桩帽的做法一般应注意以下几点。

①接头处一定要清理干净，以保证上下衔接时无接缝影响，其处理办法应比静压桩桩帽的处理更细致。

②桩帽和桩身的截面面积应尽量保持一致。由于广波阻抗和力的幅值均与面积成正比，测点面积稍有调整，即严重影响到测试结果。面积的不一致，还将影响信号分析与资料整理。

③桩帽和桩身的强度应当接近。这种举措也是为了减小接头对测试信号的影响。

④桩帽料应尽可能细，以保证冲击钻的打入和传感器的安装。

⑤为防止测试时桩帽开裂，桩帽应多加钢筋并绕丝，桩帽的头部应加钢筋网并用钢筋缠绕。

⑥桩帽的上方和侧面应刷平，前者便于锤击时不会偏心或连击，后者则有利于传感器的安装。

⑦桩帽不应偏心，为确保这一点，做桩帽时，应开挖桩头一定深度让桩帽截面和桩身截面重合。

⑧由于传感器安装在桩帽上，桩帽应当足够长，既应保证传感器的安装位置离桩帽顶端 1.5d ~ 3d（d 为桩基直径），又应保证传感器与接头处的距离大于 60cm。

⑨桩帽应于测试前一周做好，时间较短时应用早强水泥，确保测试时的强度符合要求。

（2）接短桩头，传感器安装在本桩上

这种处理方法，利用桩帽来承受锤击时的不均匀打击力，以防止桩头的开裂。因为传感器安装在本桩上，故接头处的处理比上一方法的要求低。

本方法的缺点是工程桩桩侧难以有一个安装传感器的平整面，当桩头在地表以下时，要进行大量开挖以保证传感器的安装。

此方法的注意事项与上一方法基本相同。但桩帽一般仅几十厘米，施工难度不大。对强度和截面面积没有过多要求，如静压桩桩帽便可作为这种桩帽进行测试，当上一方法中桩帽不符合要求时也可按此方法进行。由于桩帽较薄，锤击时有时会导致桩头开裂，因此在处理时应视桩身强度等情形适当在桩头处绕丝。

（3）在桩头缠绕几圈钢筋（钢板），并在桩顶刷约十厘米厚的早强水泥

箍钢筋（钢板更佳）的目的是为了防止桩头开裂，这是一种比较简单的处理办法，自然为施工单位和甲方所钟爱，但是这种方法难以保证桩头不开裂，当开裂的缝隙过深穿过应力环时，极易将应力环拉坏，桩头开裂后进一步的测试自然不可能。

对于工期较紧的小桩，可以采取这种办法。因为打击力一般不大，当桩头强度较高、垫有足够厚的桩垫且锤击不偏心时，桩头不会开裂（影响测试）。大桩和强度较低的桩最好不要用这种办法。

为了防止传感器拉坏，传感器的安装位置应尽量靠下。一般来说，不处理桩头或极草率地处理一下就进行测试是不允许的，这种测试很难保证得到一个正确的信号。

（4）基坑开挖

无论是预制桩还是灌注桩，如果传感器必须安装在地表以下，那么挖出桩头就很有必要。虽然大家都知道要开挖桩头，可是实际工作中对开挖的要求往往并不严格，有的仅在安装传感器的部位挖出一个洞来，这样一来选择的余地太小，很难找出适合传感器安装的平整面来，自然测试效果难以达到要求。

（5）其他事项

灌注桩的侧面与周围土犬牙交错，因此桩头出露后，有必要清洗或用钢刷清除桩侧杂土，特别应清理准备安装传感器的部位，

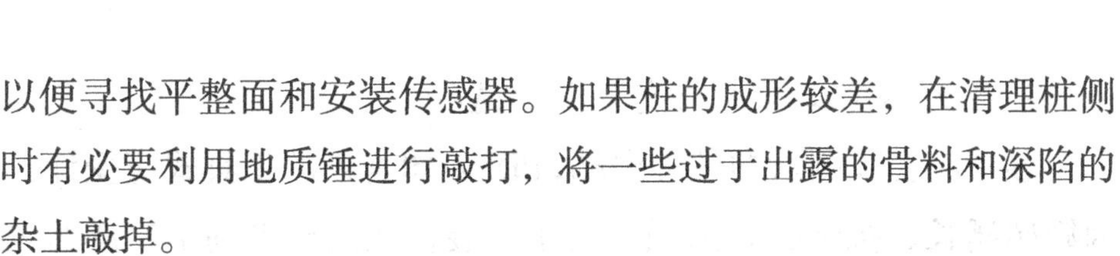

以便寻找平整面和安装传感器。如果桩的成形较差，在清理桩侧时有必要利用地质锤进行敲打，将一些过于出露的骨料和深陷的杂土敲掉。

使用吊车起吊自由锤时，为使吊车入场，应铺设一个路面，路面的铺设可用碎石、钢板、枕木等材料。

测试仪器有些可用直流电工作，但使用冲击钻打孔时非交流电不可，因此现场的准备工作也应包括照明电的准备。

（二）传感器的选择与安装

高应变测试的基本原理是分析土阻力和桩身缺陷对实测力波和速度波的影响进而评价桩的承载力，测试时既要测力又要测速度。一般要求传感器的高频截止频率能达到 1500Hz 以上，而低频截止频率则越低越好；由于打击力常达几百吨，对应的应力和速度也相当高，目前直接测量力和速度的传感器均难以具备这样条件，特别是力，几乎没有合理检测桩身应力的工具。因此高应变测试不得不采用间接的测量办法，通过测量桩侧的应变来推算桩身应力和力，通过测量桩侧质点的加速度来积分求出速度。

1. 加速度计的选择

加速度计为内装式电压输出，在体积、重量、低频特性和抗干扰等方面略优于国产加速度计，但是价格极其昂贵；价格低廉的国产电荷输出型加速度计在国内许多航空航天项目中发挥了重要作用，更不用说平常的冲击和振动试验了。满足高应变测量频响和量程要求的加速度计类型较多，完全可以在国产这种类型的传感器中选择。通常以高加速度 g 值（低灵敏度）、宽频响、重量轻的传感器为宜，可选用 106、107、138 等型号。

2. 应力环（工具式应变计）的选择

鉴于应变片测量的种种弊端，PDI公司首创的工具式应变计，因敏感栅长、抗干扰能力强、易于安装，在全球得到了广泛的应用，许多国家均开发出类似的测试工具。我国冶金部建研总院和中交上海三航局生产的这种传感器均已上市，应用上也获得了成功。冶金部建研总院的力传感器是首选传感器。工具式应变计的频响特性较好，其低频据介绍可从直流开始，而高频自振频率也满足高应变测试要求。但是工具式应变计成本较高，而本身又很脆弱，安装时稍不注意，就会对其造成伤害，特别是变形伤害。曾有一位测试人员因严重违反操作程序而在一根桩上报废了两只传感器。传感器一旦损坏，要么报废，要么找原厂家维修，这无疑严重地影响了测试工作。

总之，测量速度可用高 g 值（量程 1000g ~ 1500g）、体积小、重量轻、抗干扰能力强、低频特性较好（高频一般没问题）的加速度计；应力测量可选用自振频率高、敏感栅长、抗干扰能力强、制作精良的工具式应变计，在选用应变片时，则应选用胶基、阻值离散度低、敏感栅长或抗干扰能力强（敏感栅短）的应变片。

3. 膨胀螺栓和冲击钻的选择

通常应力环和加速度计都是通过膨胀螺栓与桩相连的。加速度计安装在一个较厚的座上，膨胀螺栓穿过此座与桩相连，因此安装加速度计的膨胀螺栓应长些（60mm）；而安装应力环的膨胀螺栓略短（40mm）。对应 ϕ 6mm 的冲击钻钻花以族 8mm 为宜，但有些地方如北京、天津、上海则用机 ϕ 10mm 的钻花，因膨胀头和套筒较大，钻花必须用 ϕ 10mm，套筒与螺杆间空隙较多的

膨胀螺栓不好，生锈或强度不够、尺寸不规则的螺栓也不好。

4. 安装面的选择与处理

安装面应对称地选在桩两侧相同高度处，其尺寸可为100mm×100mm，当选择安装面时，应在适合传感器安装高度的桩周围反复地用地质锤敲挖，寻找较少的凸出物、较少的砂浆并又平整的平面。对于大多数灌注桩来说，这种面较难寻找，因此一定要将桩头全部挖出以便寻找，只对称挖两侧的做法是不合理的。当桩成形较差时只能找到相对较好的侧面，对于这些侧面，必须有专人进行人工处理。具体做法：应将传感器的安装面凿平，使用应变片时还应磨光和清洗干净，特别是灌注桩。常用的凿平工具是平口凿子和地质锤，平口凿子可在工地上就地取材，利用螺纹钢车出或买成品。这是一个非常有用的凿平桩头桩侧的工具，比打磨机有效得多，在碰到凸出的粗骨料时非用它不可，可令工人像石匠一样精细作业，将出露物凿平。对于加速度计和应力环，凿过的平面一般不用打磨机磨光，安装面的平整度必须保证加速度计及其底座紧贴桩壁无缝隙（防止悬臂梁振荡干扰），应力环四脚应在同一个平面，中间又无使应力环产生预应变的障碍物。安装面的强度也必须能反映桩身强度，曾有测试人员因安装处的软泥未清理干净测不出信号而指责仪器出故障的记录。总之，安装面的处理是一项复杂而细致的工作，非熟练工人不可。预制桩和桩帽侧面较平整，安装面较易处理，这也正是预制桩好测量和人们偏爱将传感器装在桩帽上的原因。

5. 定位与打孔

用冲击钻打孔时，一定要量好尺寸并在被钻处做好鲜艳的标记，钻孔位置应按规定设置，即应力环和应力环对称，加速度计和加速度计对称，同一侧面加速度计和应力环间的间距应不超过8cm。当然也不应影响到两个传感器的安装。安装加速度计的膨胀螺栓应在应力环两膨胀螺栓的平均高度处。钻孔不能太浅，使得膨胀螺栓的套筒不能完全进入桩内，但也不宜过长，一般以套筒能够全部埋入桩中为宜。因此打孔前应先量好要打的深度。有的冲击钻有一个卡尺来保证深度，钻花上的灰痕也可用来确定打孔深度。

打孔时极易碰上钢筋或粗硬骨料，此时能打则打，不能打时就只能重新定位了。在预应力管桩上打孔时，最好不要将管壁打穿，因为那样一来螺栓很难固定，应尽量防止斜孔和孔口破裂的现象发生。

如果有一种专门用于敲入螺栓套筒的套筒，安装膨胀螺栓就不太困难，此时可先将螺帽卸下，将膨胀螺栓插入孔中，保证螺杆到位，然后将专门套筒对准外套用铁锤敲击套筒，使外套完全膨胀且没入桩中，用手晃动螺杆，如果尚能晃动，则应继续膨胀直至不能晃动为止。有些厂家生产的膨胀螺栓，外套与螺杆间缝隙较大，安装后难以保证螺杆不晃动，此时只能以螺杆不能拉出为原则。当螺杆倾斜了或两螺杆间的间距不便于应力环安装时，可用铁锤轻击螺杆根部作少许调整（可用应力环外套比画）。螺栓外套出露桩面（无法敲入）影响传感器的安装时，也可利用铁锤和改锥（或凿子）将出露部分敲实与螺杆紧贴以利于传感器安装。

6. 传感器安装与局部调整

传感器的安装是所有现场实验技术关键中的关键，稍有不慎就可能前功尽弃。

（1）加速度计的安装

加速度计和其底座之间必须用扳手拧紧，有需要的话还要用502胶或硅胶粘牢，如无必要一般不要拆开二者。当加速度计和底座合为一体时，可以不必考虑二者间的紧密程度。国内目前使用的加速度计，大部分通过L5接头和低噪声电缆线与主机相连。L5接头的抗拉能力很差，极易脱落，安装时应小心谨慎；L5接头处应防止异物进入，特别是水，万一进水应立即用电吹风吹干。安装时，加速度计的头最好朝下借以保护线，加速度计的底座应紧贴桩侧面。当拧紧膨胀螺栓时不可用力过猛，以免底座破裂。加速度计的传感方向必须与桩轴方向平行，安装好的加速度计不能用手使劲晃动。

（2）应力环的安装

应力环的安装最为讲究，现场测试难获成功的主要原因便是应力环安装不成功。预制桩和桩帽上的应力环较易安装，只要膨胀螺栓孔距合适，表面平整，螺栓又生根紧密，即可获得满意的安装；而在灌注桩本桩上安装应力环，当桩侧平整，螺栓间距合适，生根紧凑时尚可，否则必须进行一些技术处理，当螺栓斜入或间距不合时，可用铁锤在其根部轻轻敲正，而当外套出露时，亦可用改锥或凿子打击使其与螺杆贴紧，以保证应力环能够贴紧桩面，所有螺栓均应固定不能晃动。

将应力环带有四角的一面朝向桩面顺螺杆贴到桩上，一般连线朝下安装，当坑里有积水或离坑太近时，连线可以朝上。

反复用手上下左右移动应力环，感觉到四个支点在同一平面时（即用力按下，没有翻翘，亦无明显变形）即按住不动，然后上垫圈和螺帽，并用扳手将其拧紧。在拧紧的过程中，一方面安装人员要密切注视应力环中间的传感环，防止其出现可见的变形（一旦变形应松开处理），另一方面最好用测桩仪监控或用万用表监控。小的不平衡，一般的仪器均能完成自动平衡，有的仪器还具有手动平衡功能（如 RS 仪），从而使得可调范围更大。从测试角度来看应力环自然是拧得越紧越好，但是，过紧容易对应力环造成伤害。

（3）传感器的固定与检查

为保证正确传感，原则上讲传感器特别是应力环应紧贴桩面。当加速度计未贴紧时，容易产生悬臂梁效应，产生寄生振荡和传感偏差；当应力环未贴紧时产生寄生传感事小，而信号失真事大。应力环主要是通过测量上下脚间的相对变形来完成应变和应力测量的，任何一个脚不紧都不能测到正确的变形。很多人误以为力传感器通过膨胀螺栓传感，这是非常错误的认知。

现场安装情况非常复杂，有时候应力环的四只脚很难保证在一个平面上。有的单位采用“垫脚”的方法处理，做试验后发现虽然这是个下策，影响测试效果，但总比测到无用的信号强。而且只要“垫脚”得当，其对测试效果的影响并非很强。所谓“垫脚”就是在不能靠近桩侧的一侧脚下方塞些“垫片、木片、硬纸盒”一类（具体视缝隙的厚度定）的物体，垫好后再将螺栓上紧。这种处理方法多少会影响测试效果，因此原则上要谨慎使用，除非万不得已，一般不要轻易使用。

传感器安装完毕，联机调试，检查应力环的平衡程度并调平衡，用扳手竖直敲击固定传感器的膨胀螺栓，边检查线路的连通情况，边注意应力环是否装紧，如果一击之下应力环的直流分量增加且不再恢复即表示传感器未装紧有待继续拧紧。

由于打击力较大，产生的振荡频率亦较高，加速度计和应力环亦较重，因此这两种传感器一般不适合用石膏等粘贴法安装。

（4）贯入度测量装置的安装

高应变测试时，最好拥有测贯入度的设备或传感器，其所测值一方面可用来准确测定桩的贯入度，确定阻力是否得到了充分发挥；另一方面可用所测贯入度来修正加速度计所测位移和速度信号，使测试信号更加可靠、结果分析特别是波形拟合分析更加准确。要知道一条错误的位移曲线将极大地影响拟合分析结果，因为拟合分析中的土体静阻力模型使得位移与阻力分布及阻力发挥大有关系，而加速度计所测位移信号，因频响安装等方面的原因，偏差较大，有时甚至会出现一个较大的负位移，违背物理现象。常用来测沉降的工具有百分表、水准仪、经纬仪，后两种只需在桩上用鲜艳的粉笔画好刻度（0.5cm 或精度更高），然后远距离对准测量即可；而用百分表测量时则应在基坑处先安装好一个基准梁（条件好时可以对称装两个），梁的两端放在基坑壁上固定紧实，然后将百分表的磁性座置于梁上的合适位置，调节连杆的高度和角度，使百分表的触针抵死加速度计底座或另行安装的底座后调零。基准梁的固定点离本桩越远越好。没有基坑时，可以利用这个原则安装基准梁。测位移时一定要注意安全，条件不适宜可以不测，因为凯斯法对位移曲线的正确性无过高要求。

7. 锤击系统的选择与使用

（1）锤的种类与特点

本节所述不包括柴油锤的选择，因为柴油锤无法选择，仅介绍国内试桩工作中常见的几种锤及其各自的优缺点与使用注意事项。

理论上讲，高应变测试时，激振的力信号上升沿越窄越好，因为它既可以提高分辨率又可减少静阻力相对于动阻力的延迟，还可因冲击波的出现，减少阻力和缺陷对波阵面的影响，提高多种分析的精度。但遗憾的是到目前为止，除打桩用柴油锤起始信号较陡外，所有自由落体锤所得的力信号，几乎都为馒头状波形，脉冲较宽。

国内的自由锤大体上可分为两大类，即组合锤和整体锤。所谓组合锤就是为便于装卸和搬运将数吨重的铁锤，分割为一片片的铁片，每一铁片重 100 ~ 200kg，3 ~ 4 人可以抬动，根据桩重或桩的承载力大小选择不同数量的铁片，由铁杆穿过各铁片的孔位，将其串联成不同重量的锤体进行测试。整体锤，顾名思义为一个不能分开的实心锤体，组合锤可以分开人工搬运，安装与起吊时亦可无吊车，而整体锤则不同，非吊车和卡车不可，这也正是组合锤与整体锤相比的优点。但是，从测试效果、打击力、能量利用率等诸因素来看，组合锤由于连杆上的螺丝很难拧紧，锤片与锤片的空隙较大，锤击时有松垮现象发生，因而锤片越多，测试效果往往越差（振荡、连击、力信号平坦、锤击力不够等），组合锤只要没安装好，远较整体锤差；另外组合锤需要人工搬运、人工安装、人工起吊，虽然提高了机动灵活性，降低了测试成本，但占用了大量时间，容易给测试人员带来疲劳，进而影响测试效果。因此，测试时尽可能采用整体锤，多用机械设备，即便是组合锤也尽可能用到起重机。

组合锤视材料和加工方便程度之不同，有圆锤和方锤，一般上下两片为铸钢，中间为铸铁（节省开支），最下一块底面略有弧度，每一片的周围均有 3 ~ 4 个预留孔供人们插销搬卸。为了耦合得更好，片与片之间的上下面可加工凸凹形态来嵌固。必要

时上下两锤片或其他锤片两侧相同位置处还应对称地焊上滑槽，以利于锤体在导向杆中上下移动。

有三种方式可以用来连接锤片与锤片，构成一个锤体：其一为在每个锤片的相同部位对称钻了三个孔（有人用四个），安装时自下而上穿上螺杆，然后用螺帽固死；其二为在所有锤片的中心部位钻一个较粗孔，由单根粗螺杆自下而上穿过，上下拧紧；其三为在锤体的侧面车出 3 ~ 4 个凹槽（要上车床，较贵）。三种方法中前两种方法须待螺杆就位后再放锤片，后一种方法可待锤片装好后再上螺杆。三种方法都要求锤体底面不能有凸出物，而顶面应有起吊耳环。紧固螺杆时必须最大限度地拧紧防止滑丝。在装卸锤体时可以在底部垫几块厚木块以便于螺杆的松动与调整。

（2）脱钩的选择

脱钩的好坏，对测试信号的影响很大，应结合现场实际情况综合选择。

（3）导向架的选择

高应变测试时，将桩打动产生 2.5mm 以上的贯入度，往往要选择足够的锤重（1% 预计极限荷载）并提升足够的高度。在使用柴油锤测试点火的情况下往往要将锤提到 3.5m 的高度（满程），才有可能将桩打动（预制桩收锤时已难以打动，而歇后一般则更难），因此使用自由锤时要保证打动桩，产生足够的打击力有时不得不将锤提得很高，最高有提到 5m 高的记录，而 2m 高是经常的，许多单位出于安全考虑仅将锤提到几十厘米高，自然难以将桩打动。鉴于锤的提升高度，没有导向架是很危险的，一方面容易伤人、砸坏传感器和连线；另一方面偏心易使桩头开裂影响

测试效果或拉坏传感器；没有导向架还会使得测试人员出于安全考虑而降低提升高度，草率测试，胡乱提高结果。

（4）起吊装置的选用与安装

除用吊车起吊外，还有两种起吊装置可用于测桩：其一为卷扬机，可以加大导向架，改装为既受力又导向的结构，或采用一种类似于龙门吊的结构来既导向又受力；其二为葫芦钩（电动、手动），利用一个尺寸可调的三脚架承力。电动葫芦钩较重，搬动不太方便，特别是较大吨位的。手动葫芦钩，起吊时非常费事，必须有几个工人交换拉动。为了便于安装葫芦钩，常在三脚架的一根杆上焊上云梯供人上下，三脚架的每个腿最好是可分挡伸缩的，以利于升降高度的调节。为了使三脚架稳定，常常在三脚架的底部装上三根等长度的横梁，防止相互打滑，也防止不能形成等边三角形。安装三脚架时其架下受力处一般用碎石、沙包、枕木或砖块垫实，以防止其沉降。如果三脚架高度不够，可以在底部垫大量枕木和沙包，但必须保证安全。三脚架的对中也是安装时的关键，因为只有对中才能保证锤击时不至于偏心乃至翻倒。

组合锤的安装次序一般先为锤体，次为三脚架，然后才是导向架，导向架的上方框必须通过三脚架安装。安装锤击系统时必须保证锤有足够的提升空间。

（5）桩垫的选择与使用

分析柴油锤的工作特性及打桩效果的同仁都知道，桩垫的改变对打击过程影响很大，稍有改变就可能极大地提高打桩效率，在高应变测试时桩垫的影响更是如此。一个合适的桩垫既可延缓高频冲击，保护桩头，又可降低高频成分的不良影响（如锤体的相互碰撞），还可使得测试信号更符合传感器的测量范围（钢桩时尤需如此）。但桩垫太厚时，可能使信号脉冲过于平缓，打击力下降。目前常用的桩垫为：10mm厚橡皮、三夹板（数块）、毛毡、10mm厚木板等。在桩垫的下方还常常铺一层潮湿的细砂以弥补桩头的不平带来的影响。实际工作中木板最易获得，但橡皮和毛毡的测试效果最好。桩垫的选用原则以测试质量的好坏为准，因而有时有桩帽无桩垫也能测得较好的信号。

锤击系统的选择与安装常常费神、费事、费人，且较危险，因此在处理时一定要谨小慎微。

第四章　桥梁墩台施工

第一节　混凝土墩台、石砌墩台施工

一、混凝土墩台施工

（一）适用范围

适用于公路及城市桥梁工程中基础（承台或扩大基础）以上的现浇钢筋混凝土轻型墩台、重力式墩台的施工。

（二）施工准备

1. 技术准备

①认真审核设计图纸，编制分项工程施工方案，进行模板设计并经审批。

②已进行钢筋的取样试验、钢筋翻样及配料单编制工作。

③组织有关方面对模板进行进场验收。

④进行混凝土各种原材料的取样试验工作，设计混凝土配合比。

⑤对操作人员进行培训，向有关人员进行安全、技术交底。

2. 材料要求

（1）钢筋

钢筋出厂时，应具有出厂质量证明书和检验报告单。品种、级别、规格和性能应符合设计要求。当发现钢筋脆断、焊接性能不良或力学性能显著不正常等现象时，应对该批钢筋进行化学分析或其他专项检验。

（2）电焊条

选用的焊条型号应与母材强度相适应。

（3）水泥

宜采用硅酸盐水泥和普通硅酸盐水泥。水泥进场应有产品合格证或出厂检验报告，进场后应对强度、安定性及其他必要的性能指标进行取样复试。

当对水泥质量有怀疑或水泥出厂超过 3 个月时，在使用前必须进行复试，并按复试结果使用。不同品种的水泥不得混合使用。

（4）砂

应采用级配良好、质地坚硬、颗粒洁净、粒径小于5mm的河砂，也可用山砂或用硬质岩石加工的机制砂。

（5）石子

应采用坚硬的碎石或卵石。

（6）外加剂

外加剂应标明品种、生产厂家和牌号。出厂时应有产品说明书、出厂检验报告及合格证、性能检测报告，有害物含量检测的报告应由有相应资质等级的检测部门出具。进场应取样复试合格，并应检验外加剂与水泥的适应性。

（7）掺合料

掺合料应标明品种、等级及生产厂家，出厂时应有出厂合格证或质量证明书和法定检测单位提供的质量检测报告，进场后应取样复试合格，混合料质量应符合国家现行相关标准的规定，其掺量应通过试验确定。

（8）水

宜采用饮用水。

3. 机具设备

（1）脚手架

ϕ 48 扣件式钢管脚手架或碗扣式钢管脚手架、钢管扣件、脚手板、可调底托等。

（2）钢筋加工机具

钢筋弯曲机、钢筋调直机、钢筋切断机、电焊机、砂轮切割机等。

（3）模板施工机具

电锯、电刨、手电钻、模板、方木或型钢、可调顶托等。

（4）混凝土施工机具

混凝土搅拌机、混凝土运输车、混凝土输送泵、行走式起重机、混凝土振捣器等。

（5）其他机具设备

空压机、发电机、水车、水泵等。

（6）工具

气焊割枪、扳手、铁契、铁锹、铁抹、木抹、斧子、钉锤、缆风绳、对拉螺杆及 PVC 管、钉子、8# 铁丝、钢丝刷等。

4. 作业条件

①基础（承台或扩大基础）和预留插筋经验收合格。

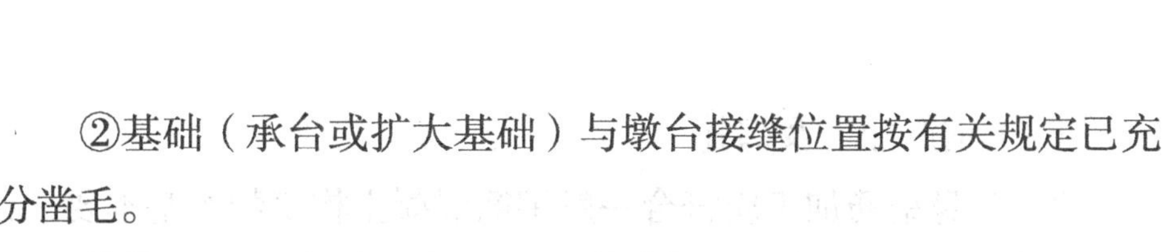

②基础（承台或扩大基础）与墩台接缝位置按有关规定已充分凿毛。

③作业面已临时通水通电，道路畅通、场地平整、满足施工要求。

④所需机具已进场，机械设备状况良好。

（三）施工工艺

1. 工艺流程

钢筋加工→模板加工

测量放线→搭设脚手架→钢筋绑扎→模板安装→混凝土浇筑→混凝土成型养生→模板拆除

2. 操作工艺

（1）测量放线

墩柱和台身施工前应按图纸测量定线，检查基础平面位置、高程及墩台预埋钢筋位置，放线时依据基准控制桩放出墩台中心点或纵横轴线及高程控制点，并用墨线弹出墩柱、台身结构线、平面位置控制线。测放的各种桩都应标注编号，涂上各色油漆，醒目、牢固，经复核无误后进行下道工序施工。

（2）搭设脚手架

①脚手架安装前应对地基进行处理，地基应平整坚实、排水顺畅。

②脚手架应搭设在墩台四周环形闭合，以增加稳定性。

③脚手架除应满足使用功能外，还应具有足够的强度、刚度及稳定性。

（3）钢筋加工及绑扎

墩、台身钢筋加工应符合一般钢筋混凝土构筑物的基本要求，严格按设计和配料单进行。

基础（承台或扩大基础）施工时，应根据墩柱、台身高度预留插筋。若墩、台身不高，基础施工时可将墩、台身钢筋按全高一次预埋到位；若墩、台身太高，钢筋可分段施工，预埋钢筋长度宜高出基础顶面 1.5m 左右，按 50% 截面错开配置，错开长度应符合规范规定和设计要求，一般不小于钢筋直径的 35 倍且不小于 500mm，连接时宜采用帮条焊或直螺纹连接技术。预埋位置应准确，满足钢筋保护层要求。

钢筋安装前，应用钢丝刷对预埋钢筋进行调直和除锈除污处理，对基础混凝土顶面应凿去浮浆、清洗干净。

钢筋需接长且采用焊接搭接时，可将钢筋先临时固定在脚手架上，然后再进行焊接。采用直螺纹连接时，将钢筋连接后再与脚手架临时固定。在箍筋绑扎完毕即钢筋已形成整体骨架后，即可解除脚手架对钢筋的约束。

墩、台身钢筋的绑扎除竖向钢筋绑扎外，水平钢筋的接头也应内外、上下互相错开。

所有钢筋交叉点均应进行绑扎，绑丝扣应朝向混凝土内侧。

钢筋骨架在不同高度处绑扎适量的垫块，以保持钢筋在模板中的准确位置和保护层厚度。保护层垫块应有足够的强度及刚度，宜使用塑料垫块。使用混凝土预制垫块时，必须严格控制其配合比，保证垫块强度，垫块设置宜按照梅花形均匀布置，相邻垫块距离以 750mm 左右为宜，矩形柱的四面均应设置垫块。

（4）模板加工及安装

圆形或矩形截面墩柱宜采用定型钢模板，薄壁墩台、肋板式桥台及重力式桥台视情况可使用木模、钢模和钢木混合模板。

采用定型钢模板时，钢模板应由专业生产厂家设计、生产。

圆形或矩形截面墩柱模板安装前应进行试拼装，合格后安装。安装宜现场整体拼装后用汽车吊就位，每次吊装长度视模板刚度而定，一般为 4 ~ 8m。

采用木质模板时，应按结构尺寸和形状进行模板设计，设计时应考虑模板有足够的强度、刚度和稳定性，保证模板受力后不变形、不位移，成型墩台的尺寸准确。墩台圆弧或拐角处，应设计制作异形模板。

木质模板的拼装与就位：①木质模板以压缩多层板及竹编胶合板为宜，视情况可选用单面或双面覆膜模板，覆膜一侧面向混凝土一侧，次龙骨应选用方木，水平设置，主龙骨可选用方木及型钢，竖向设置，间距均应通过计算确定。内外模板的间距用拉杆控制。②木质模板拼装应在现场进行，场地应平整。拼装前将次龙骨贴模板一侧用电刨刨平，然后用铁钉将次龙骨固定于主龙骨上，使主、次龙骨形成稳固框架，然后铺设模板，模板拼缝夹弹性止浆材料。要求设拉杆时，须用电钻在模板相应位置打眼。每块拼装大小应根据模板安装就位所采用设备而定。③模板就位可采用机械或人工。就位后用拉杆、基础顶部定位撅、支撑及缆风绳将其固定，模板下口用定位楔定位时按平面位置控制线进行。模板平整度、模内断面尺寸及垂直度可通过调整缆风绳松紧度及拉杆螺栓松紧度来控制。

墩台模板应有足够的强度、刚度和稳定性。模板拼缝应严密不漏浆，表面平整不错台。模板的变形应符合模板计算规定及验收标准对平整度控制要求。

薄壁墩台、肋板式墩台及重力式墩台宜设拉杆。拉杆及垫板应具有足够的强度及刚度，拉杆两端应设置软木锥形垫块，以便拆模后，去除拉杆。

墩台模板，宜在全桥使用同一种材质、同一种类型的模板，钢模板应涂刷色泽均匀的脱模剂，确保混凝土外观色泽均匀一致。

混凝土浇筑时应设专人维护模板和支架，如有变形、移位或沉陷，应立即校正并加固。预埋件、保护层等发现问题时，应及时采取措施纠正。

（5）混凝土浇筑

浇筑混凝土前，应检查混凝土的均匀性和坍落度，并按规定留取试件。

应根据墩、台所处位置、混凝土用量、拌和设备等情况合理选用运输和浇筑方法。

采用预拌混凝土时，应选择合格供应商，并提供预拌混凝土出厂合格证和混凝土配合比通知单。

浇筑混凝土前，应将模内的杂物、积水和钢筋上的污垢彻底清理干净，并办理隐、预检手续。

大截面墩台结构，混凝土宜采用水平分层连续浇筑或倾斜分层连续浇筑，并应在下层混凝土初凝前浇完上层混凝土。

水平分层连续浇筑上下层前后距离应保持 1.5m 以上。

倾斜分层坡度不宜过陡，浇筑面与水平夹角不得大于 25°。

墩柱因截面小，浇筑时应控制浇筑速度。首层混凝土浇筑时，应铺垫 50 ~ 100mm 厚与混凝土同配比的减石子水泥砂浆一层。

混凝土应在整截面内水平分层，连续浇筑，每层厚度不宜大于0.3m。如因故中断，间歇时间超过规定则应按施工缝处理。

柱身高度内如有系梁连接，则系梁应与墩柱同时浇筑，当浇筑至系梁上方时，浇筑速度应适当放缓，以免混凝土从系梁顶涌出。V形墩柱混凝土应对称浇筑。

墩柱混凝土施工缝应留在结构受剪力较小，且宜于施工部位，如基础顶面、梁的承托下面。

在基础上以预制混凝土管等做墩柱外模时，预制管节安装时应符合下列要求：①基础面宜采用凹槽接头，凹槽深度不应小于50mm。②上下管节安装就位后，用四根竖方木对称设置在管柱四周并绑扎牢固，防止撞击错位。③混凝土管柱外模应加斜撑以保证浇筑时的稳定性。④管口应用水泥砂浆填严抹平。

钢板箍钢筋混凝土墩柱施工，应符合下列要求：①钢板箍、法兰盘及预埋螺栓等均应由具有相应资质的厂家生产，进场前应进行检验并出具合格证。厂内制作及现场安装应满足钢结构施工的有关规定。②在基础施工时应依据施工图纸将螺栓及法兰盘进行预埋，在钢板箍安装前，应对基础、预埋件及墩柱钢筋进行全面检查，并进行彻底除锈、除污处理，合格后施工。③钢板箍出厂前在其顶部对称位置焊吊耳各一个，安装时由吊车将其吊起后垂直下放到法兰盘上方对应位置，人工配合调整钢板箍位置及垂直度，合格后由专业工人用电焊将其固定，稳固后摘下吊钩。④钢板箍与法兰盘的焊接由专业工人完成，为减小焊接变形的影响，焊接时应对称进行，以便很好地控制垂直度与轴线偏位。混凝土浇筑前按钢结构验收规范对其进行验收。⑤钢板箍墩柱宜灌注补偿收缩混凝土。⑥对钢板箍应进行防腐处理。

浇筑混凝土一般应采用振捣器振实。使用插入式振捣器时，移动间距不应超过振捣器作用半径的1.5倍；与侧模应保持50～100mm的距离；插入下层混凝土50～100mm；必须振捣密实，直至混凝土表面停止下沉、不再冒出气泡、表面平坦、不泛浆为止。

（6）混凝土成型养生

混凝土浇筑完毕，应用塑料布将顶面覆盖，凝固后及时洒水养生。

模板拆除后，及时用塑料布及阻燃保水材料将其包裹或覆盖，并洒水湿润养生。养生期一般不少于7d。也可根据水泥、外加剂种类和气温情况而确定养生时间。

（7）模板及脚手架拆除

侧模在混凝土强度能够保证结构表面及棱角不因拆模被损坏时进行，上系梁底模的拆除应在混凝土强度达到设计值的75%后进行。

3. 季节性施工

（1）雨期施工

雨期施工时，脚手架地基须坚实平整、排水顺畅。

模板涂刷脱模剂后，要采取措施避免脱模剂受雨水冲刷而流失。

及时准确地了解天气预报信息，避免雨中进行混凝土浇筑。

高墩台采用钢模板时，要采取防雷击措施。

（2）冬期施工

应根据混凝土搅拌、运输、浇筑及养护的各环节进行热工计算，确保混凝土入模温度不低于5℃。

混凝土的搅拌宜在保温棚内进行，对集料、水泥、水、掺和料及外加剂等应进行保温存放。

视气温情况可考虑水、集料的加热，但首先应考虑水的加热，若水加热仍不能满足施工要求时，应进行集料加热。水和集料的加热温度应通过计算确定，但不超过有关标准的规定，投料时水泥不得与 80℃以上的水直接接触。

混凝土运输时间尽可能缩短，运输混凝土的容器应采取保温措施。

混凝土浇筑前应清除模板、钢筋上的冰雪和污垢，保证混凝土成型开始养护时的温度，用蓄热法时温度不得低于 10℃。

根据气温民政部和技术经济比较可以选择使用蓄热法、综合蓄热法及暖棚法进行混凝土养护。

在确保混凝土达到临界强度，且混凝土表面温度与大气温度差小于 15℃时，方可撤除保温及拆除模板。

（四）质量标准

1. 基本要求

①钢筋、电焊条的品种、规格和技术性能应符合国家现行标准规定和设计要求。

②受力钢筋同一截面的接头数量、搭接长度和焊接、机械接头质量应符合规范要求。

③所用的水泥、砂、石、水、掺和料及外加剂的质量规格，必须符合有关技术规范的要求，按规定的配合比施工。

④混凝土应振捣密实，不得出现空洞和露筋现象。

2. 外观鉴定

①混凝土表面平整、施工缝平顺、外露面色泽一致，沉降装置必须垂直、上下贯通。

②混凝土蜂窝麻面面积不得超过该面面积的0.5%，深度超过10mm的必须处理。

③混凝土表面不应出现非受力裂缝，裂缝宽度超过设计规定或设计未规定时，超过0.15mm必须处理。

（五）成品保护

①钢模板安装前均匀涂抹脱模剂，涂好后立即进行安装，防止污染，不得在模板就位后涂刷脱模剂，以免污染钢筋。

②现浇墩台拆模（不含系梁）须在混凝土强度达到2.5MPa后进行，在拆除模板时注意轻拿轻放，不得强力拆除，以免损坏结构棱角或清水混凝土面。

③在进行基坑回填或台背填土时，结构易损部位要用木板包裹，以免夯实机械运行过程中将其损坏。回填时，宜对称回填对称夯实，距离结构0.5 ~ 0.8m范围内宜采用人工夯实。

（六）应注意的质量问题

①浇筑混凝土前要用高强度等级砂浆将底口封严，以防出现烂根现象。

②为防止出现露筋现象，要按要求的位置或数量安装保护层垫块。当使用混凝土垫块时，要保证其具有足够的强度，在施工中宜使用塑料垫块。

③为保证结构表面质量，要保证脱模剂涂刷均匀并避免脱模剂流失，以免混凝土硬化收缩出现黏膜现象；混凝土浇筑时振捣适宜，以防产生孔洞及麻面。

④保证混凝土供应的连续性，以确保混凝土不出现冷缝。

⑤墩台混凝土浇筑脚手架，不得与模板支架联结，应自成体

系，防止模板出现位移。

（七）环境、职业健康安全管理措施

1. 环境管理措施

（1）施工垃圾及污水的清理排放处理

①在施工现场设立垃圾分拣站，施工垃圾及时清理到分拣站后统一运往处理站处理。

②进行现场搅拌作业的，必须在搅拌机前台及运输车清洗处设置排水沟、沉淀池，废水经沉淀后方可排入市政污水管道。

③其他污水也不得直接排入市政污水管道内，必须经沉淀后方可排入。

（2）施工噪声的控制

①要杜绝人为敲打、叫嚷、野蛮装卸噪声等现象，最大限度地减少噪声扰民。

②电锯、电刨、搅拌机、盆压机、发电机等强噪声机械必须安装在工作棚内，工作棚四周必须严密围挡。

③对所用机械设备进行检修，防止带故障作业、噪声增大。

（3）施工扬尘的控制

①对施工场地内的临时道路要按要求硬化或铺以炉渣、砂石，并经常洒水压尘。

②对离开工地的车辆要加强检查清洗，避免将泥土带上道路，并定时对附近的道路进行洒水压尘。

③水泥和其他易飞扬的细颗粒散体材料，应安排在库房存放或严密遮盖。

④运输水泥和其他易飞扬的细颗粒散体材料和建筑垃圾时，必须封闭、包扎、覆盖，不得沿途泄漏遗撒，卸车时采取降尘措施。

⑤运输车辆不得超量运载。运载工程土方最高点不得超过槽帮上沿 500mm，边缘低于车辆槽帮上沿 100mm，装载建筑渣土或其他散装材料不得超过槽帮上沿。

2. 职业健康安全管理措施

①施工前应搭好脚手架及作业平台，脚手架搭设必须由专业工人操作。脚手架及工作平台外侧设栏杆，栏杆不少于两道，防护栏杆须高出平台顶面 1.2m 以上，并用防火阻燃密目网封闭。脚手架作业面上脚手板与龙骨固定牢固，并设挡脚板。

②采用吊斗浇筑混凝土时，吊斗升降应设专人指挥。落斗前，下部的作业人员必须躲开，不得身倚栏杆推动吊斗。

③高处作业时，上下应走马道（坡道）或安全梯。梯道上防滑条宜用木条制作。

④混凝土振捣作业时，必须戴绝缘手套。

⑤暂停拆模时，必须将活动件支稳后方可离开现场。

二、石物墩台施工

（一）工艺流程

修凿石料

↓

搅拌砂浆→砌筑→勾缝→养护

（二）操作要点

1. 搅拌砂浆

①水泥计量精度应控制在土 2% 以内，砂、水的计量精度应控制在 ±5% 以内，其配合比一律采用重量比，并应试验确定。

②搅拌砂浆时，必须保证其成分、颜色和塑性的均匀一致，

大量搅拌砂浆应使用搅拌机，在工程数量较小时，可以人工拌制。

③砂浆拌制后用沉锤测沉入度和分层度，在搅拌机出料门随机取样制作砂浆试块。砂浆拌成后使用时，均应盛入储灰器内。如砂浆出现泌水现象时，应在砌筑前再拌和，砂浆应随拌随用。水泥砂浆必须在3h内使用完毕；如果施工期间最高气温超过3℃，应在2h内使用完毕。

2. *修凿石料*

①片石应选用爆破法或楔劈法开采的石块，用作镶面的片石，应表面平整，稍加修凿。

②块石应选用形状大致方正、上下面大致平整的，敲除棱、锐角；用作馔面的块石，应由外露面四周向内修凿，深度不少于70mm。

③料石加工包括修边打荒、粗打、一遍整凿、二遍整凿、一遍剁斧、二遍剁斧和磨光。粗料应选用外观方正的六面体石料，侧面应与外露面垂直，顺石应比相邻丁石大150mm以上，一般应经裁边和平凿两道工序处理。

3. *砌筑*

（1）浆砌石料的一般顺序

浆砌石料的一般顺序均为先砌角石，再砌面石，最后砌腹石，角石砌好后即可将线拄到角石上（应双面拉线），再砌面石。砌面石时应留送坏腹石缺口，砌完腹石后再行封砌。腹石砌筑宜采取沿运送石料方向倒退自远而近砌筑的方法。石砌体的转角处和交接处应同时砌筑，对不能同时砌筑而又必须留置的临时间断处，应砌成踏步槎，腹石应与面石一样，按规定层次和灰缝砌筑整齐，砂浆饱满。砌筑过程中应随时用水平尺和线坠校核砌体。两相邻工作段的砌筑高差不宜超过 1.2m。

（2）浆砌片石

①应用挤浆法分层砌筑，先湿润石料并铺砂浆，再安放石块，经揉动再用手锤轻击，每层高 0.7 ~ 1.2m（3 ~ 4 层片石），层间大致找平。

②砌片石时应充分利用片石的自然形状，相互交错地咬合在一起，但最下面一皮石块应大面朝下，最上面一皮应大面朝上。砌筑镶血石时应先在右下不垫砂浆试砌，再用大锤砸去棱角，后用锤敲去小棱角，最后用凿子剔除突出部分，再铺浆砌石，用小撬棍将石块拨正，最后用手锤轻击或用手揉动，使灰缝密实。

③按设计要求和规范规定，砌体应留设沉降缝或变形缝的端面需垂直，最好是在缝的两端跳段砌筑，在缝内填塞防水料（如麻筋沥青板），墙身设置泄水孔，墙后设防水层和反滤。

④石块搭接咬合长度应不小于 80mm，应避免通缝（竖直缝和连续规则的曲线缝）、干缝、三角缝和十字缝（石料四碰头）。

⑤填腹中间应设拉结石，侧面每 0.7m^2 至少设一块拉结，以保证结构的整体性。拉结石的长度，如基础宽度或墙厚等于或小于 400mm，应与砌体宽度或厚度相等；如基础宽度或墙厚大于 400mm，可用两块拉结石内外搭接，搭接长度不应小于 150mm，并且其中一块长度不应小于基础宽度或墙厚的 2/3。

⑥墩台斜坡面可砌成逐层收台的阶梯形。

（3）浆砌块石

与浆砌片石基本相同，不同的是镶面砌法应一顺一丁或二顺一丁砌筑，丁石的面积不应小于表面积的 1/5，丁石尾部嵌入腹部约200mm，并且不小于顺石宽度的一半。

4. 养护

砌体灰缝养生时间不得少于7d。

（三）质量控制及标准

1. 基本要求

①石料的强度和规格应符合设计和有关规范要求。

②砂浆的配合比应符合试验规定；砂浆的强度必须满足设计和规范要求。

③砌体水平灰缝的砂浆饱满度按净面积计算不得低于90%，紧向灰缝砂浆饱满度不得低于80%。

④砌筑时，砌块要错缝。浆砌时坐浆挤紧，嵌缝后砂浆饱满，无空洞现象；砌缝匀称，不勾假缝，干砌时不松动、叠砌和浮塞。

2. 外观鉴定

①勾缝平顺、坚固、整齐，缝宽均匀、无脱落现象。砂浆饱满，无假缝、通缝。

②砌体牢固、边缘宜顺，表面平整、清洁、无污染。

③伸缩缝、沉降缝、防震缝中无砂浆、碎石渣和杂物等。

（四）安全措施

①编制专项安全技术方案，开工前对操作人员进行安全技术交底。

②现场施工必须戴安全帽。

③作业前必须检查工具，锤头必须安装牢固，作业时应戴防护目镜、护腿、鞋盖等防护用品。

④不准在砌体顶上做画线、刮缝及清扫墙面或检查大角垂直

等工作。严禁在砌体顶上行走。砌筑作业面下方不得有人。

⑤用锤打石时，应先检查铁锤有无破裂，锤柄是否牢固。打锤要按照石纹走向落锤，锤口要平，落锤要准，同时要看清附近情况有无危险，然后落锤，以免伤人。

⑥不准在砌体顶或脚手架上修改石材，以免震动墙体而影响质量或石片掉下伤人。石块不得往下掷。

⑦吊装石料应用筐装，不得有破损和变形。吊筐不得超负荷吊运，并需要经常检查吊筐，发现问题及时处理。

⑧墙身砌体高度超过地坪 1.2m 以上时，应搭设脚手架。当砌体高度超过 4m 时，采用里脚手架必须支搭安全网。采用外脚手架应设护身栏杆和挡脚板后方可砌筑。脚手架未经验收不得使用，验收后不得随意拆改，严禁搭探头板。

⑨脚手架上堆料不得超过规定荷载（$270kN/m^2$），脚手架上最多放两层石料。同一脚手板上的操作人员不应超过二人。

⑩不准在超过胸部以上的墙体上进行砌筑，以免将墙体碰撞倒塌或上石时失手掉下造成安全事故。

⑪ 如遇雨天及每天下班时，要做好防雨措施，以防雨水冲走砂浆，致使砌体倒塌。

⑫ 冬期施工时，脚手板上如有冰霜、积雪，应先清除后才能上架子进行操作。

⑬ 下列情况应停止砌筑作业：风力超过六级；大雨、大雾、大雪天气；夜间照明不足。

（五）环保及绿色施工措施

①石料堆放场地应平整，并且比周边地面高出约 100mm，并做好排水设施。

②施工垃圾应集中堆放、统一处理。

③现场砂浆搅拌站应设置排水沟和沉淀池，必要时采取喷水防尘措施。

第二节 装配式墩台施工

装配式墩台是将高大的墩台沿垂直方向、按一定模数、水平分成若干构件，在桥址周围的预制场地上进行浇筑，通过运输车船、现场拼装。装配式墩台比较适用于桥梁长度较长，桥墩数量较多，桥墩高度相对较高、现场无混凝土拌和施工场地或混凝土输送管道设备较难布置的桥梁墩台的施工。装配式墩台的主要特点是：可以在预制场预制构件，受外界干扰少，但相对来说，对运输、起重机械设备要求较高。

装配式柱式墩系将桥墩分解成若干构件，如承台、柱、盖梁（墩帽）等，在工厂或现场集中预制，再运送到现场装配成桥墩。其施工工序主要为预制构件、安装连接与混凝土填缝。其中拼装接头是关键工序，既要牢固、安全，又要结构简单便于施工。

一、拼装接头分类

（一）承插式接头

将预制构件插入相应的承台预留孔内，插入长度一般为1.2 ~ 1.5倍的构件宽度，底部铺设2cm的砂浆，四周以半干硬性混凝土填充，常用于立柱与基础的接头连接。

（二）钢筋锚固接头

构件上预留钢筋形成钢筋骨架，插入另一构件的预留槽内，或将钢筋互相焊接，再浇筑半干硬性混凝土，多用于立柱与墩帽处的连接。

（三）焊接接头

将预埋在构件中的钢板与另一构件的预埋钢板用电焊连接，外部再用混凝土封闭。这种接头易于调整误差，多用于水平连接杆与立柱的连接。

（四）扣环式接头

相互连接构件按预定位置预埋环式钢筋，安装时柱脚先坐落在承台的柱芯上，上下环式钢筋互相错接，扣环间插入U形钢筋焊接，立模浇筑外侧接头混凝土。

（五）法兰盘接头

在相连接构件两端安装法兰盘，连接时用法兰盘，要求法兰盘预埋件位置必须与构件垂直，接头处可以不用混凝土封闭。

二、装配式柱式墩台施工应注意以下几点

①墩台柱构件与基础顶面预留杯形基座应编号，并检查各个墩、台高度和基坐标高是否符合设计要求；基口四周与柱边空隙不得小于2cm。

②墩台柱吊入基环内就位时，应在纵、横方向测量，使柱身竖直度或倾斜度以及平面位置均符合设计要求；对重量大、细长的墩柱，需用风缆或撑木固定后，方可放吊钩。

③在墩台柱顶安装盖梁前，应先检查盖梁上预留槽眼位置是否符合设计要求，否则应先修凿。

④柱身与盖梁（墩帽）安装完毕并检查符合要求后，可在基杯空隙与盖梁槽眼处浇筑稀砂浆，待其硬化后，撤除楔子、支撑或风缆，再在楔子孔中灌填砂浆。

随着预应力技术的成熟与发展，预应力开始应用于墩台上，特别是后张法预应力钢筋混凝土装配式墩台。它的施工方法与装配式柱式墩台施工方法相似，除了安装时的连接接头处理技术之外，节段预制构件之间的连接方式主要依赖于预应力钢束。

后张法预应力钢筋混凝土装配式墩台采用的预应力钢材主要有高强度低松弛钢丝和冷拉Ⅳ级粗钢筋两种。高强度低松弛钢丝，其强度高、张拉力大、预应力束数较少；施工时穿束较容易，在预应力钢束连接处受预应力钢束连接器的影响，需要局部加大构件壁厚。冷拉Ⅳ级粗钢筋要求混凝土预制构件中的预留孔道精度高，以利冷拉Ⅳ级钢筋的连接

后张法预应力钢筋混凝土装配式墩台的预应力张拉方式有以下两种：张拉位置可以在墩帽顶上张拉；亦可以在墩台底的实体部位张拉。一般采用墩帽顶上张拉。

墩帽顶上张拉预应力钢束其主要特点是：①张拉操作人员及设备均处于高空作业，张拉操作虽然方便，但安全性较差；②预应力钢束锚固端可以直接埋入承台，而不需要设置过渡段；③在墩底截面受力最大位置可以发挥预应力钢束抗弯能力强的特点。

墩底实心体张拉预应力钢束其主要特点是：①张拉操作人员和设备均为地面作业，安全方便；②在墩底处要设置过渡段，既要满足预应力钢束张拉千斤顶安放要求，同时，又要布置较多的受力钢筋，满足截面在运营阶段受力要求；③过渡段构件中预应力钢束的张拉位置与竖向受力钢筋相互关系较为复杂。

预应力钢束的张拉要求、预应力管道内的压浆要求与预应力混凝土梁的要求一致，不再重述。特别应注意的是，压浆最好由下而上压注，构件装配的水平拼装缝采用35号水泥砂浆，砂浆厚度为15mm，一方面可以调节水平，另一方面可避免因渗水而影响预制构件的连接质量。

第三节　滑动模板施工

一、滑动模板施工概述

（一）工法特点

滑模（滑动模板）施工，是现浇结构混凝土的一项施工工艺，与常规施工方法相比，这种施工工艺具有施工速度快、机械化程度高、可节省支模和搭设脚手架所需的工料、能较方便地将模板进行拆散和灵活组装并可重复使用。

滑模施工的连续性：模板组装完毕后，试滑成功，开始滑升，没有特殊情况，应连续滑升，不宜停滑；因为停滑后，易出现黏膜等现象，滑升均分为白班和夜班两班，连续施工。

滑模施工的动态性：滑模平台在动力系统的带动下不断提升，其提升不受外力影响，是个动态过程，在滑升过程中进行中心垂直度偏差和扭转偏差等偏差的纠正，并控制到规范允许的范围内。

滑模施工的季节性：滑模施工温度不宜太高，也不宜太低。当温度太高时，比如，高于25℃时，混凝土强度增长过快，容易出现严重黏膜现象，造成混凝土表面蜂窝、麻面、开裂、垮塌、露筋等质量缺陷，外观处理相当困难，影响滑升速度，并容易造成恶性循环，就需要采取在混凝土内参加缓凝剂和加大模板清理力度等一系列措施，增加了工程成本；温度过低时，比如低于5℃时，混凝土强度增长过慢，影响滑升速度，造成窝工现象，并容易造成混凝土垮塔等缺陷，就需要采取在混凝土内参加早强剂等一系列冬季施工措施，也造成工程成本的增加；滑模较适宜的温度为10 ~ 20℃，一般春季和秋季为宜，尽量避开夏季，南方冬季温度较高，适当采取冬季施工措施，也适宜滑模施工，所以滑模施工受季节影响较大。

滑模施工的组织性和协作性：滑模施工需要大量的人力物力，牵涉的工种很多，人员复杂，需要很好地进行组织，各个工种和岗位需要相互协调、密切配合。混凝土的供应、浇筑，钢筋的制作、绑扎，混凝土外观的处理、养护等方面都应协调一致，相互之间必须跟上步调、不能脱节、不能相互影响。因此，滑模操作平台上白班和晚班均应设置台长一名，负责操作平台上的人员组织和协调，而为保证滑模的顺利施工，地面上也应组织一定的人员做配合工作，如混凝土的供应、钢筋的制作，其他材料的供应等，则由工长负责协调和指挥。

（二）适用范围

本工法适用钢筋混凝土造粒塔、烟囱、筒仓等高耸构筑物的滑模施工（侧重造粒塔和烟囱滑模施工）。包括滑模操作平台的组装、滑模施工、垂直度和扭转的控制、外观处理、造粒塔喷头层的施工、操作平台的拆除等。滑模操作平台分为柔性平台和刚性平台，本工法适用于刚性操作平台。

二、工艺原理

滑模装置主要由模板系统、操作平台系统、液压系统以及施工精度控制系统和水、电配套系统等部分组成。

（一）模板系统

模板依赖围圈带动其沿混凝土的表面向上滑动。模板的主要作用是承受混凝土的侧压力、冲击力和滑升时的摩阻力，并使混凝土按设计要求的截面形式成型。模板按其所在部位及作用不同，可分为内模板、外模板、堵头模板及变截面工程的收分模板等。

井塔不变径，所以采用组合钢模即可，为保证模板不变形，滑模所用的组合钢模一般采用钢模板，宽度不大于 300mm，钢模板可采用 2 ~ 2.5mm 厚的钢板冷压成型，或用 2 ~ 2.5mm 厚的钢板与角钢肋条制成，角钢肋条的规格不小于 30 × 4mm。墙体、柱结构的阴阳角处，宜采用同样材料阴角模板、阳角模板、连接角模等。

（二）围圈

围圈的主要作用是使模板保持组装的平面形状，并将模板与提升架连接成一个整体，围圈应有一定的强度和刚度，一般可采用 70 ~ 80mm，80 ~ 110mm 或 110mm 制作。围圈分为模板围圈和提升架围圈，模板围圈把模板连接为整体，而提升架围圈则把提升架连接为整体。模板结构，上下围圈的间距一般为 600 ~ 700mm。围圈在工作时，承受由模板传递来的混凝土侧压力、冲击力和风荷载等水平荷载及滑升时的摩阻力，操作平台自身荷载，作用于操作平台上的静荷载和施工荷载等竖向荷载，并将其

传递到提升架、千斤顶和支撑杆上。

模板与围圈的连接，一般采用挂在围圈上的方式，而围圈与提升架的连接一般采用焊接刚性连接或螺栓连接。为保证模板系统的刚性，防止其变形，上下围圈一般用ϕ 18 钢筋设置剪刀撑。

（三）提升架

提升架是安装千斤顶并与围圈、模板连接成整体的主要构件。其主要作用是控制模板、围圈由于混凝土上的侧压力和冲击力而产生的向外变形，同时承受作用于整个模板上的竖向荷载，并将上述荷载传递个千斤顶和支撑杆。当千斤顶爬升时，通过提升架带动围圈、模板及操作平台等一起向上滑动。

提升架的横梁与立柱必须刚性连接，两者的轴线应在同一平面内，在使用荷载作用下，立柱的侧向变形应不大于 2mm。

提升架横梁至模板顶部的净高度：对配筋结构不宜小于500mm，对于无筋结构不宜小于 250mm，当采用工具式支撑杆时，应在提升架横梁下设置内径比支撑杆直径大 2 ~ 5mm 的套管，其长度达到模板下缘，而支撑杆可回收再利用。

三、操作平台系统

（一）操作平台

滑模的操作平台即工作平台，是绑扎钢筋、浇筑混凝土、提升模板、安装预埋件等工作的场所，也是钢筋、混凝土、预埋件等材料和千斤顶、振捣器等小型备用机具的暂时存放场地。液压控制机械设备，一般布置在操作平台的中央位置附近。

操作平台系统主要包括：主操作平台、外挑操作平台、吊脚手架等。在施工需要时，还可设置上辅助平台。它是供材料、工具、设备堆放和施工人员进行操作的场所。

操作平台一般分为内操作平台和外操作平台两部分，内操作平台通常由承重桁架（或梁）与平台铺板组成，承重桁架（或梁）的两端可支承于提升架的立柱上，亦可通过托架支承于上下围圈上。造粒塔滑模操作平台桁架钢梁两端支承在提升架上下围圈上，由围圈把平台荷载传递给提升架，避免荷载集中传递给少量的提升架，受力较为合理以外操作平台通常由支承于提升架外立柱的三角挑架于平台铺板组成，外挑宽度不宜大于1000mm，在其外侧需设置防护栏杆，其高度不小于1200mm。操作平台的桁架（或梁）、三角挑架及平台铺板等主要构件，需要按其跨度和实际荷载情况通过计算确定。

（二）吊脚手架

操作平台下面设置吊脚手架，分为内外吊脚手架，主要用于检查混凝土的质量、模板的检修和拆除、混凝土表面装修和浇水养护等工作。内吊脚手架可挂在提升架和操作平台的桁架上，外吊脚手架可挂在提升架和外挑三脚架上。掉脚手架铺板的宽度，宜为500 ~ 800mm，钢吊杆的直径不应小于16mm，也可用角钢，一般为∠ 50 × 5 等边角钢。吊杆螺栓必须采用双螺帽。吊脚手架的外侧必须设置安全防护栏杆，并挂满安全网和密目网，并完全封闭。

（三）液压系统

液压提升系统主要由支撑杆、液压千斤顶、液压控制柜和油路系统等部分组成，支承杆支承着作用于千斤顶的全部荷载，包括模板系统、操作平台、模板的摩阻力和施工荷载等全部荷载。

支承杆一般采用ϕ 25 圆钢或ϕ 48×3.5 钢管，由于钢管的稳定性较好，脱空长度较大（达 2.5 米）。目前一般采用ϕ 48×3.5 钢管作支承杆。

支承杆的连接方法，常用的有 3 种：丝扣连接、样接和剖口焊接。在实际操作时，ϕ 25 圆钢支承杆一般采用丝扣方法进行连接，ϕ 48×3.5 钢管支承杆一般采用榫接方法进行连接。支承杆的焊接，一般在液压千斤顶上升到接近支承杆顶部时进行，接口处略有偏斜或凸疤，可采用手提砂轮机处理平整，使其能顺利通过千斤顶孔道。也可在液压千斤顶底部超过支承杆后进行，但当这台液压千斤顶脱空时，其全部荷载要由左右两台千斤顶承担，因此，在进行千斤顶数量及围圈强度设计时，就要考虑到这一因素。

1. 液压千斤顶

液压千斤顶又称穿心式液压千斤顶或爬杆器。其中心穿支承杆，在周期式的液压动力作用下，千斤顶可沿支承杆做爬升动作，以带动提升架、操作平台和模板随之一起上升。

在液压千斤顶使用前，应按下列要求检验：

①耐油压 12MPa 以上，每次持压 5min，重复三次，各密封处无渗漏；

②卡头锁固牢靠，放松灵活；

③在 1.2 倍额定荷载作用下，卡头锁固时的回降量，滚珠式不大于 5mm，楔块式不大于 3mm；

④同一批组装的千斤顶，在相同的荷载作用下，其行程应接近一致，用行程调整帽调整后，行程差不得大于 2mm。

2. 液压控制台

液压控制台是液压传动系统的控制中心，是液压滑模的心脏，主要由电动机、齿轮油系、换向阀、溢流阀、液压分配器和油箱等组成。其工作过程为：电动机带动油泵运转，将油箱中的油液通过溢流阀控制压力后，经换向阀送到液压分配器。然后，经油管将油液输入进千斤顶，使千斤顶沿支承杆爬升，当活塞走满行程之后。换向阀变换油液的流向，千斤顶中的油液从输油管、液压分配器，经换向阀返回油箱。每一个工作循环，可使千斤顶带动模板系统爬升一个行程。

3. 油路系统

油路系统是连接控制盒到千斤顶的液压通路，主要由油管、管接头、液压分配器和截止阀等元、器件组成。

油管一般采用高压无缝钢管及高压橡胶管两种，根据滑升工程面积大小和荷载决定液压千斤顶的数量及编组形式。主油管内径不得小于 16mm，分油管内径应为 10 ~ 16mm。连接千斤顶的油管内径为 6 ~ 10mm。现今滑模所用的主、分油管均采用高压橡胶胶管。

油路的布置一般采取分级方式，即：从液压控制台通过主油管到分油器，从分油器经分油管到支分油器，从支分油器经胶管到千斤顶。由液压控制台到各分油器及由分、支分油器到各千斤顶的管线长度，设计时应尽量相近。油管接头的途径、压力应与油管相适应。胶管接头的连接方法是用接头外套将软管与接头芯子连成一体，然后再用接头芯子与其他油管或元件连接，一般采用扣压式橡胶管接头或可拆式胶管接头。截止阀又叫针形阀，用于调节管路及千斤顶的液体流量，控制千斤顶的升差。一般设置于分油器上或千斤顶与管路连接处。

液压油应具有适当的黏度，当压力和湿度改变时，黏度的变化不应太大。一般可根据气温条件选用不同黏度等级的液压油。液压油液等级型号一般为：L-HM，年度等级从 15 号到 150 号。液压油在使用前和使用过程中均应进行过滤，在冬季低温时可用 22 号液压油，在常温时用 32 号液压油，在夏季酷热天气时用 46 号液压油。

四、水、电配套系统

水、电配套系统包括动力、照明、信号、通讯、水泵和管路设施等，动力为专用临时用电线路，利用专用电缆从底部引至操作平台配电柜。电缆随操作平台的提升而伸长，电缆应采取措施加固，防止因拉力而损坏，一般用棕绳进行加固：

水需通过高压水泵加压，经高压管或钢管随平台提升而逐步接长，用于平台用水和混凝土养护等。

吊脚手架上的照明电压为 36V，并采用安全防护灯，一般在操作平台配电箱旁设置一小型变压器即可。

信号和通讯采用对讲机等方式联络。

五、施工工艺流程及操作要点

（一）施工工艺流程

滑模施工主要包含滑模准备、滑模组装、正常滑升和滑模装置拆除等几个主要阶段，滑模准备包含滑模装置设计、滑模装置制作、人力、机械的准备工作。滑模组装顺序如下：

①搭设临时组装平台，安装垂直运输设施；

②安装提升架；

③绑扎竖向钢筋和提升架横梁以下的水平钢筋，安设预埋件及预留孔洞的胎模，对工具式支承杆套管下端进行包扎；

④安装模板，宜先安装角模后安装其他模板；

⑤安装操作平台的桁架、支撑和平台铺板；

⑥安装外操作平台的支架、铺板和安全栏杆等；

⑦安装液压提升系统、垂直运输系统及水、电、通讯、信号、梢度控制和观察装置，并分别进行编号、检查和试验；

⑧在液压系统试验合格后，插入支承杆；

⑨安装内外吊脚手架及挂安全网；在地面或横向结构面上组装滑模装置时，应待模板滑升至适当高度后，再安装内外吊脚手架、挂安全网。

（二）操作要点

1. 滑模装置设计的主要内容

①绘制滑模初滑结构平面图及中间结构变化平面图；

②确定模板、围圈、提升架及操作平台的布置，进行各类部件和节点设计，提出规格和数量；

③确定液压千斤顶、油路及液压控制台的布置，提出规格和数量；

④制定施工精度控制措施，提出设备仪器的规格和数量；

⑤进行特殊部位处理及特殊措施（附着在操作平台上的垂直和水平运输装置等）的布置与设计；

⑥绘制滑模装置的组装图，提出材料、设备、构件一览表。

2. 滑模装置的组装

滑模施工的特点之一，是将模板一次组装好，一直到施工完毕，中途一般不再变化。因此，要求滑模基本构件的组装工作，一定要认真、细致，严格地按照设计要求及有关操作技术规定进行。否则，将给施工带来很多难度，甚至影响工程质量。操作平台、模板系统如：模板、提升架等的组装精度和准确性很重要，组装质量差，将对模板纠纷纠偏带来较大难度，并容易出现黏膜等现象，影响工程质量。

（1）准备工作

滑模装置组装前，应做好人、材、机等方面的准备工作，应做好各组装部件编号、操作基准水平、弹出组装线，做好墙、柱标准垫层及有关的预埋件等工作。

（2）组装顺序

滑模装置的组装应根据施工组织设计的要求，可以按下列顺序进行：

①清理基础后之浮面，找平砼面，砼面上弹出轴线，内外筒壁线、提升架、支承杆位置线和主要预留洞口边线等；

②安装提升架，提升架的标高应满足操作平台的安装要求，提升架下口临时固定，安装提升架内外围圈，把所有提升架连接为整体；

③安装模板内外围圈，调整其位置，使其满足模板倾斜度正确和对称的要求；

④绑扎竖向钢筋和提升架横梁以下钢筋，安装设立预埋件及预留孔洞的模板，对体内工具式支承杆套管下端进行包扎；钢筋绑扎时，应严格控制钢筋径向位置，否则将影响模板的安装；

⑤安装内外模板，宜先安装角模后再安装其他模板；模板的安装应对称分段安装，防止模板产生单方向倾斜，从而使平台产

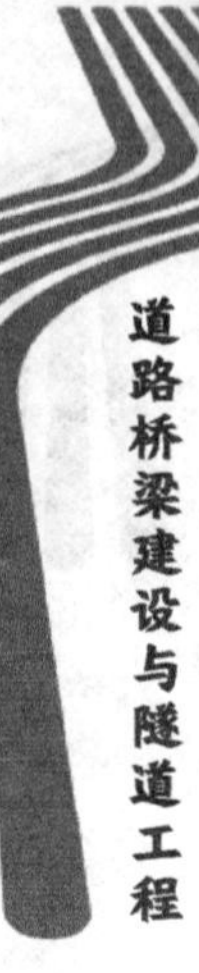

生偏扭力，影响正常滑升；

⑥安装操作平台的桁架、支撑和平台铺板等；

⑦安装外操作平台的支架、铺板和安全栏杆等；

⑧安装液压提升系统、垂直运输系统及水、电、通讯、信号精度控制和观测装置，并分别进行编号、检查和试验；

⑨在液压系统试验合格后，插入支承杆；

⑩安装内外吊脚手架及挂安全网，当在地面或横向结构面上组装滑模装置时，应待模板滑至适当高度后，再安装内外吊脚手架、挂安全网。

（3）组装要求

模板的安装应符合下列规定：

①安装好的模板应上口小、下口大，单面倾斜度为模板高度的 0.1% ~ 0.3%，对带坡度的筒壁结构如烟囱等，其模板倾斜度应根据结构坡度情况适当调整；

②模板上口以下 2/3 模板高度处的净间距应与结构设计截面等宽；

液压系统组装完毕，应在插入支承杆前进行试验和检查，并符合下列规定：

①对千斤顶逐一进行排气，并做到排气彻底；

②液压系统在试验油压下持压 5min，不得渗油和漏油；

③整体试验的指标（如空载、持压、往复次数、排气等）应调整适宜，记录准确。

液压系统试验合格后方可插入支承杆，支承杆轴线应与千斤顶轴线保持一致，其偏斜度允许偏差为 2/1000。

（三）竖向滑模施工

1. 滑模施工准备工作

编制施工组织设计，包含施工总平面布置，滑模施工技术设计，施工程序和施工进度安排，安全文明施工和质量保证措施，现场施工管理机构、劳动组织及人员培训，材料、半成品、预埋件、机具和设备需用计划、特殊部位的施工方法等；

施工总平面布置：①施工总平面布置应满足施工工艺要求，减少施工用地和缩短地面运输距离；②在滑模建筑物的周围应设立危险警戒区。警戒线至建筑物边缘的距离不应小于其高度的1/10，且不应小于10m。对于烟囱类圆锥变截面结构，警戒线距离应增大至高度的1/5，且不应小于25m。当不能满足要求时，应采取安全防护措施；③临时设施及材料堆放场地等均应设在警戒区以外，当需要在警戒区内堆放材料时，必须采取安全防护措施。通过警戒区的人行道或运输道均应搭设安全防护棚；④材料堆放场地应靠近垂直运输机械，堆放数量应满足施工进度的需要；⑤根据现场施工条件确定混凝土供应方式，当设置现场搅拌站时，宜靠近施工工程，靠近垂直运输机械，其供应量必须满足混凝土连续浇灌的需要；⑥现场运输、布料设备的数量必须满足滑升速度的需要，塔楼、筒仓等大型滑模施工的垂直运输一般采用塔吊，塔吊的选用应满足工程的需要；⑦供水、供电必须满足滑模连续施工的要求。施工工期较长，有断电可能时，应有双回路供电或自备电源，操作平台的供水系统，当水压不够时，应加设高压水泵；⑧确保测量施工工程垂直度和标高的观测站、点不受损坏，不受振动干扰。

2. 滑模施工的精度控制

滑模施工的精度控制主要包括滑模施工的水平度、垂直度和扭转控制等。

（1）滑模施工的水平度控制

水平度的观测，可采用水准仪、自动水平激光测量仪等。

①水平度的观测

水平度的观测一般采用水准仪来进行。在模板开始滑升前，用水准仪对整个操作平台所有的千斤顶的高程进行观测、校平，并在每根支承杆上以明显的标志（红色三角）画出水平线。当模板开始滑升后，即以此水平线作为基点，不断按千斤顶的每次提升步距（20～30cm）将水平线上移和进行水平度的观测，每隔一定的高度，均须对滑模装置的水平度进行观测与检查、调整。一般每班均应对千斤顶支承杆进行抄平，每次操平的高度一般为1米。

②水平度的控制

滑模平台的抄平与控制，是控制建筑的标高，保证滑模质量的关键环节，也是配合纠正扭转和控制建筑物垂直度的重要环节。一般对千斤顶水平度控制主要有限位调平器控制法、限位阀控制法、截止阀控制法和激光自动调平控制法，较常用的方法是限位控制法。

（2）滑模施工的垂直度控制

滑模施工的垂直度偏差，就是操作平台中心出现位移，从而带动建筑物中心出现位移，当中心位移过大时，将影响建筑物的外观和使用功能，甚至影响操作平台的稳定，最终迫使滑模停止。当中心位移达到2cm左右时，必须采取措施进行垂直度的纠偏，当中心位移达到5cm左右时，必须加大纠偏的力度，否则，由于偏差增大的惯性作用，将平台的中心位移加速度增大，甚至失控。

因此，当操作平台中心出现位移时，不能置之不理，应及时采取措施进行纠偏。一般的情况是，纠偏工作会贯穿整个滑模过程，直至滑模结束。

原因分析：操作平台上荷载不均匀，使各支承杆负荷不等，结构向荷载大的一方偏移，灌注砼时，砼入模的起点没变化，一般来说，操作平台将向先浇灌一方倾斜。同时还有风力影响等因素。

处理办法：在施工过程中，应尽量使操作平台，荷载布置均匀，及时改变砼浇方向，同时采取措施进行纠偏。

①垂直度的观测

垂直度观测采用的方法有：是激光铅直仪法。一般采用大线锤进行直接观测。作平台外侧也要设置一定数量的观测点。在进行操作平台的扭转观测时，也可以推算或直接观测出建筑物的垂直度，观测墙体外角的垂直度和平直度。

激光铅直仪安装前应校正好光束的垂直度，安装时调整好经纬仪的底座的水平度，然后调整好激光的垂直度，调整望远镜焦距，使光斑直径最小。观测时，在滑模操作平台上安放好激光接收靶，激光铅直仪操作人员接通激光电源，光束射到接受靶上。将仪器正转一周，随光斑的移动用笔在接收靶上画出第一个圆，然后将仪器反转一周，随光斑的移动用笔在接收靶上画出第二个圆，取出两个圆的平均中心即为正确中心。把激光光斑的中心和激光接收靶的中心相比，就可以计算出滑模操作平台和建筑物的垂直度的数值和偏差方位。

垂直度的观测每班不得少于一次，必要时应增加观测的次数。观测的数值应记录，并交接给本班和下一班的工长、操作平台台长、班长和有关工程技术人员，采取相应的方法进行纠偏。

②垂直度的控制

垂直度的控制常用的方法有平台倾斜法和顶轮纠偏控制法等，同时采用混凝土上浇筑的方式的改变和荷载堆放位置的调整等方式进行配合垂直度的纠正。平台倾斜法适合所存的建筑物滑模垂直度纠偏，而塔楼、筒仓等筒壁内径没有区分的建筑物滑模垂直度纠偏常常采用平台倾斜法。

平台倾斜法又称调整高差控制法，其原理是：当建筑物出现向某侧位移的垂直偏差时，操作平台的同一侧，一般会出现负水平偏差。据此，可以在建筑物向某侧倾斜时，将该侧的千斤顶升高，使该侧的操作平台高于其他部位，产生正水平偏差，使操作平台倾斜。然后，将整个操作平台滑升一段高度，在平台的倾斜重力作用下，垂直偏差可逐步得到纠正。平台倾斜度的大小要根据垂直度偏差的大小来确定：当垂直度偏差较小时，操作平台的倾斜度调整就较小些，即可达到纠偏的目的。当垂直度偏差较大时，比如中心偏差达到 5cm 以上时，就应该加大操作平台的倾斜度，操作平台千斤顶的高差将达到 10cm 以上，否则纠偏效果不明显。

调整操作平台的倾斜度时，应随模板的滑升而逐步增大，纠偏应缓慢进行，防止拉裂筒壁混凝土。应首先达到控制中心位移不再加大，然后逐步使中心偏差缩小，直到达到合理范围内，例如中心位移控制在 2cm 以内。中心偏差达到合理范围内时，应逐步把操作平台调平。

对于千斤顶需要的高差，可预先在支承杆上做出标志，最好采用限位调平器对千斤顶的高差进行控制。

当采用平台倾斜法纠正中心垂直度偏差时，将使千斤顶和支承杆的受力不均，应及时对受力较大的支承杆进行加固，防止支承杆失稳变形。

3. 水平结构施工

当墙体滑升至每层楼板标高时，沿墙体间隔一定的间距，预埋插筋及留设通常的水平嵌固凹槽。待预留插筋及凹槽脱模厚、扳直钢筋、修整凹槽，并与楼板钢筋连成一体，再浇筑楼板混凝土。凹槽的高度为楼板的厚度或按楼板厚上下加大50mm，以便操作。先滑墙体楼板降模施工：是将墙体连续滑升到顶或滑升至8 ~ 10层作为一个降模施工层，在底层按每个房间组装好模板，用卷扬机或其他提升工具将模板提升至所需位置，再用吊杆悬吊在墙体预留孔洞中的横梁上并调整好标高后，即可进行施工。

4. 混凝土常见问题的处理

（1）砼出现水平裂缝

原因：模板设有倾斜度或产生反倾斜度，滑升速度慢，砼与模板黏结在一起等。

处理措施：纠正模板倾斜度，加快滑升速度，调整砼配合比和试加缓凝剂，以控制砼的凝固速度。

对水平裂缝，可用铁抹子压实；对较严重部分，可剔除其松动后，补上高标号水泥砂浆。

（2）墙角掉角

原因：墙角处摩阻力较大；模板倾斜度过小；滑升时间过长等。

处理方法：适当放大模板倾斜度，加强振捣。对棱角残缺处，可用同标号水泥砂浆修补。

（3）蜂窝、麻面、露筋

原因：局部钢筋过密；石子粒径过大；坍落度选择不当；振捣不密实等原因造成。

处理方法：施工时，必须选择适当的砼配合比和坍落度，选用粒径较小的石子、注意振捣质量。

对蜂窝、麻面、露筋部位，应将松动砼清除，用于同标号水泥砂将压实修补。

5.滑模平台拆除

拆除方法采取模板滑空后分件拆除法，当滑升到顶后，且强度达 70% 以上即可进行装置拆除，拆除顺序如下：

操作平台清理→拆电线、电缆、灯具设备→拆油管→拆液压控制柜→解安全网→拆栏杆→门架围圈最下面一道→拆内吊架→穿脚手管→铺脚手板→拆外吊架→拆门架围圈→拆门架。

第四节　V型墩施工

一、V 型墩施工概况

（一）V 撑施工方案选择

V 撑施工采用搭设满堂脚手架，支撑 V 撑模板，承担施工过程中的部分水平分力，并作为施工操作平台。

（二）关键工序施工方法

1.脚手架

在 V 撑施工过程中，仅在其顺桥的短边方向搭设脚手架，其

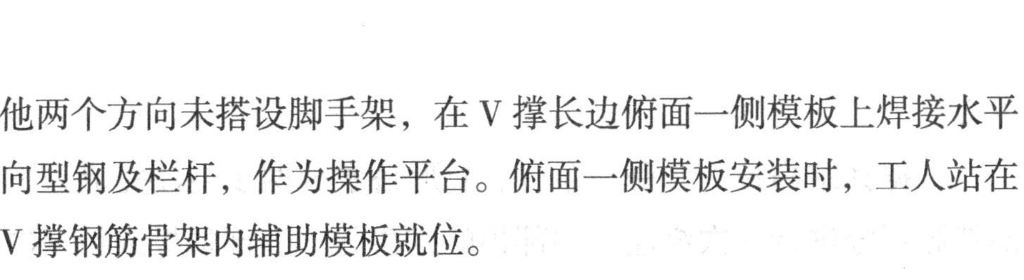

他两个方向未搭设脚手架，在V撑长边俯面一侧模板上焊接水平向型钢及栏杆，作为操作平台。俯面一侧模板安装时，工人站在V撑钢筋骨架内辅助模板就位。

2. 劲性骨架制作、安装

劲性骨架在后场加工制作，船运至现场进行安装。由于V撑内安装有预应力束，如果先整体安装劲性骨架，后期钢绞线吊装困难、工作量大。因此，先安装三片劲性骨架主体，后焊接平联及斜撑。

3.V撑模板及其支撑体系

V撑模板采用定型钢模板，其分段制作高度为2.0m，并考虑翻模施工时，模板能周转使用。

由于V撑为外倾结构，其轴线与水平面夹角达63°，砼浇筑时会产生较大的水平分力，为平衡此水平分力，每节模板设二层水平拉杆，将左右肢墩身拉结。每层拉杆横桥向为四根JL32精轧螺纹钢。另外模板顶部与劲性骨架连接牢固。

4. 混凝土的浇筑

为保证混凝土浇筑密实，在施工时，人必须进入到V撑内部进行振捣，特别是V撑的四个拐角要充分捣实，以保证混凝土施工质量。在砼施工过程中要注意两侧墩身混凝土浇筑的高度差，以使整个支撑体系受力平衡，确保墩身施工安全。

二、V形墩结构形式和总体施工方案

V形桥墩结构形式上分三部分：下部是斜腿，中部为顶帽和牛腿，上部为顶板，V形的斜腿其截面为矩形。桥梁的荷载通过支座传递到牛腿，可经牛腿传到V形桥墩的斜腿，最后传到承台和基础，设计一般将V形桥墩的恒载作用下的合力接近基底中心。

根据其结构特点和受力条件，V形桥墩分两步浇注完成，下部斜腿部分进行一次浇注，中部顶帽和牛腿、上部顶板进行一次浇注施工。

三、施工工序和方决

（一）施工准备和场地处理

V形墩施工前，首先将基础顶面的混凝土浮浆凿除，冲洗干净，整修在基础承台上预埋的连接钢筋，并在承台顶面测量弹出V形墩的十字中线、水平高程，标出V形斜腿底面在承台上的位置。

（二）V形墩模板及支架

考虑V形墩属于特殊结构，如采用厂制加工的装配式整体钢模板，能保证质量但无法周转和重复利用、极不经济。可采用施工现场加工钢木结合的模板，用塑面胶合板或槽钢加工而成。这样能较好地保证模板的刚度和表面光洁度。模板在正式投入使用前在现场进行试拼装，检查验收合格后方可进入施工现场。V形墩模板因为是加工的大块模板，不宜采用人工安装，应采用人工配合汽车吊整体吊装，模板拼装完成后要认真检查。

（三）V形墩钢筋和混凝土施工

钢筋采用现场加工，钢筋接长直径大于Φ16的采用闪光对焊机焊接，小于Φ16的采用交流电焊机焊接，墩各部分的钢筋均采用现场绑扎。

墩的混凝土采用集中拌和的混凝土，用混凝土输送车运输至现场，混凝土输送泵灌注，墩台混凝土采用塑料薄膜覆盖养护。

墩身结构浇注完成应达到如下表之质量要求。

表 4–1　墩身技术质量要求允许偏差表

项次	检查项目	允许偏差
1	相邻间距（mm）	±15
2	竖直度（mm）	0.3%H 且不大于 20
3	墩顶高程（mm）	±10
4	轴线偏位（mm）	10
5	断面尺寸（mm）	±15
6	外观光洁、颜色一致、无气泡、水泡、漏浆、黏膜现象	
7	混凝土强度符合设计规范要求	

四、施工要点

（一）V 形桥墩下部结构施工

V 形斜腿施工时，由于呈不稳定结构，所以模板必须有内外支撑，绑扎钢筋必须强制定位，方能保证桥墩的几何尺寸和设计精度。而其外侧模板承受很大的侧压力，应选择撑拉相结合的模板支撑方式，保证模板体系的稳定。利用支撑平台用 20×20cm 方木做外模的斜向支撑，此外，在墩斜腿外侧和内带木上梅花交错布设不小于 Φ12 拉筋，拉筋间距为 0.8m，使 V 形桥墩的内外模成为稳定结构后再进行混凝土浇筑。

V 形斜腿浇筑混凝土，应注意坚持左右对称分层浇筑，并在施工技术规则的规定范围内尽量延长浇筑时间，以使下部混凝土在浇筑过程中逐步终凝，增长强度参与结构受力。因此，根据现场条件，可考虑用提升架提升灰斗车或汽车吊灰斗的方法取代混凝土泵车的输送方式，混凝土浇筑采用插入式振动棒振捣密实。

（二）V 形桥墩顶板和牛腿的施工

该部分的钢筋绑扎、模板支撑和混凝土浇筑和一般桥台、桥墩及帽梁的施工大体一致。当V形斜腿混凝土浇筑至具有一定强度和稳定性后，方可进行上部顶板和牛腿部分的钢筋绑扎、模板支立和加固。顶板和牛腿模板仍采用钢木结合的模板，顶板支撑采用碗扣脚手架搭满堂支架进行支撑，牛腿部分模板应加对拉螺栓进行加固。混凝土的浇筑用输送泵进行分层左右对称的连续浇注，插入式振动棒振捣密实，达到一定强度后进行拆模养护。

五、V型墩施工质量通病及预防措施

（一）V型斜腿、箱梁局部出现裂缝

本桥斜腿较长、箱梁箱壁较薄，在自身荷载、施工及车辆人群等荷载、温度及风荷载作用下受力较为复杂，施工中斜腿、箱梁容易出现局部裂缝，必须采取有效措施加以控制：

①严格按照设计图纸规定绑扎钢筋，设立钢筋保护层。防止间距不均匀、保护层过厚或过薄而引起混凝土表面局部开裂。必要时，在主筋外侧设置防裂网片钢筋。

②斜腿、梁体开设孔洞的位置周围应布加强筋，防止混凝土徐变过程中应力集中造成孔洞周围裂缝。

③在混凝土配合比设计时，初凝时间应在8小时左右，以防初凝时间过短。

④严格控制混凝土骨料质量，控制好水泥用量及用水最、充分均匀拌制、控制好混凝土坍落度，供应优质混凝土。

⑤模板设计时要保证其有足够的刚度，避免混凝土浇筑过程中模板变形产生裂缝，

⑥混凝土养护要及时，对V型斜腿应控制内外温差，防止温

度应力产生裂缝。

⑦预应力施工，必须在混凝土达到规定强度后才能进行，避免混凝土强度不够造成墩身局部开裂。张拉时应计量准确，防止加力过大或过小，引起墩身应力变化造成裂缝。

⑧必须严格按照设计规定的张拉顺序，施加预应力，防止由于施张顺序不当，引起墩身应力变化，造成裂缝。

⑨预应力张拉后，管道要及时压浆，以使预应力尽早均匀分布，以防锚下预应力长期集中，造成锚下混凝土开裂。

⑩施工阶段之间的施工缝，必须认真凿毛，并在浇筑混凝土时充分湿润，湿润时间不少于24h，对混凝土充分振捣，以防施工缝结合不好，造成裂缝。

⑪施工时环境温度过高时，需采取如下措施：

第一，降低水灰比、减少用水量、减小坍落度、采取高效减水剂；

第二，碎石喷洒冷水降温；

第三，外侧覆盖草袋并浇水，以散热保温；

第四，测温并作为温度控制依据，防止浇筑混凝土后墩身内外温差过大引起裂缝。

（二）质量保证措施

①V形墩属于特殊结构，在施工中所有技术质量人员、施工人员、管理人员必须给予思想上的高度重视，严格按施工工艺要求作业。

②支撑平台经处理后必须进行承载力试验，观察地基受压后的沉降情况，必要时按施工荷载进行预压，防止施工中支架下沉。做好防排水设施，防止雨季施工支架地基下沉。

③模板要有足够刚度及平整度，拼缝严密、表面光洁，涂有脱模剂，安装正确、联结密实，施工中不发生任何移位及变形。

④V形斜腿混凝土浇筑施工时必须按工艺要求控制浇注速度和时间，确保下部混凝土能按工艺设计达到强度、参与施工荷载的受力。

⑤在整个施工过程中技术、质量和管理人员必须跟班作业，加强过程控制，使施工质量达到工艺要求，实现这一特殊结构的设计意图。

六、预应力钢筋施工技术措施

①塑料波纹管壁应具有一定的承压强度，振捣时不得直接振动塑料波纹管，以防变形。两根波纹管连接必须用配套的塑料套管连接或采用塑料管热熔对焊连接。

②加强检查保护套管和连接套管，浇筑混凝土前，如有破裂之处，一定要调换。

③张拉设备应有专人维护和定期配套校验。校验时，应使千斤顶活塞的运行方向与实际张拉工作状态一致。（即被动校验法）

④操作时应缓慢回油，勿使油表指针受到撞击，以免影响仪表精度。

⑤预应力筋的计算伸长值应按实际张拉力值扣除摩阻损失值进行计算，

⑥弹性压缩值。

⑦加强端部混凝土振捣，提高其密实性，防止出现疏松、蜂窝等质量缺陷。

⑧检查钢丝束锚固位置，保证锚固深度。

⑨防止孔道灌浆不通畅，应注意：确保灌浆排气孔与预应力

筋孔道相通；每次灌浆完毕，必须把所有的设施清洗干净。灌浆前再次冲洗，以防被杂物堵塞；水泥必须过筛，并防止水泥袋的纸和线等杂物混入水泥浆。

七、夏季高温施工措施

高温天气施工采取“避中间，做两头”的原则，凡有高温气象预报时。无特殊情况，中午 12：00 至下午 2：00 让工人休息，尽量避开烈日下中午施工，施工现场设置现场休息凉棚，并备有茶水或清凉防暑饮料，配备简易木凳以供施工人员小憩，职工宿舍装电扇，保证职工休息好并注意职工身体状况，严禁带病上岗。后勤或医务人员备好暑降温药物，宣传“预防中暑”和“中暑急救”的科学知识，防止中暑发生，改善职工伙食，做好后勤保障工作，特别要保证人员连续作业，安排好换班和替班人员。

高温季节施工要做好暴雨的突然袭击，预防工作，根据雨季施工规定，做好防范措施。对管道砼施工时模板、基础表面在浇筑前适当洒水湿润，要控制砼在高温天气的初凝时间，调整含水量，控制水灰比，为防烈日暴晒引起砼过早硬化，尽量缩短运输、摊铺、振捣、抹面等工序时间，并尽快覆盖、洒水养生，必要时搭设遮阳棚。

氧气瓶等容器不得在烈日下曝晒和接近热源，电焊及接触明火作业必须穿戴帆布工作服和防灼手套、脚盖，以防灼伤。

八、雨季施工技术措施

①混凝土浇捣前必须和气象站密切联系，有大雨和中雨均不得浇捣，若因工期关系在有小雨时亦必须浇捣，则必须准备足够的防雨设施和覆盖用的油布、塑料布等，并设法准备适量的大雨

棚，以便在雨淋时应用。

②刚浇好的砼若遇雨，不宜用草包直接覆盖，最好下面用塑料薄膜上面再盖上草袋，否则草包受雨淋后有黄泛滥，影响在面层色泽。

③雨季混凝土施工充分做好运输、劳力准备，使浇筑、振捣成活各工序间距要缩短。中间遇雨即盖上篷布继续施工，必须完成一个单元（梁或柱）后，方可停止，不得产生施工缝。

④雨后则及时检查，发现因雨损伤应立即报告监理工程师，并提出合理的处理意见，必须使整体施工得到监理工程师满意。

⑤底板混凝土完成以后应加强排水，防止混凝土泡水过早，降低砼强度。

⑥过路电线必须架空或埋入路面下 30cm；不能有接头，固定电箱必须离地 1.20m 并要有接地装置，流动电箱必须使用标准安全电箱，保护装置必须有效、可靠，并在每天使用前检查电源和电器设备是否符合安全要求，在开、关电器时严禁湿手接触，使用插入式电动平板振动器和手提式电器设备时，必须戴好绝缘手套。

九、大体积质量保证措施

板梁为大体积砼施工，大体积砼施工时除了上述措施外，还需增加以下技术措施：

①在混凝土中掺加缓凝剂，减缓浇筑速度，以利于散热。

②避开炎热天气浇筑大体积混凝土。如必须在炎热天气浇筑时，应采用冰水或搅拌水中掺加冰屑拌制混凝土；对骨料设简易遮阳装置或进行喷水冷却；运输混凝土速度加快，以降低混凝土搅拌和浇筑温度。

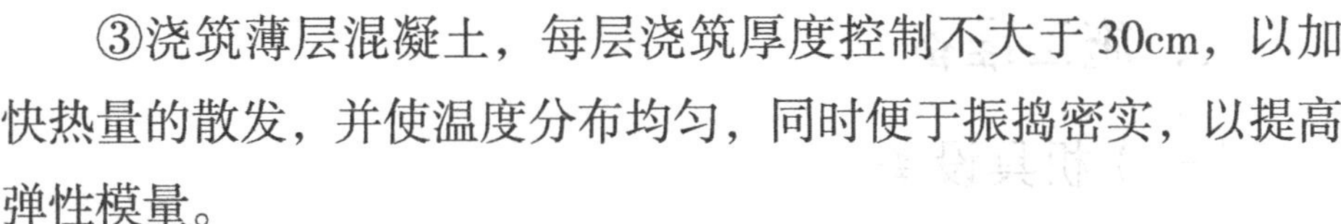

③浇筑薄层混凝土，每层浇筑厚度控制不大于 30cm，以加快热量的散发，并使温度分布均匀，同时便于振捣密实，以提高弹性模量。

④加强早期养护，提高抗拉强度。混凝土浇后，表面及时覆盖，并洒水养护。夏季适当延长养护时间。在寒冷季节，混凝土表面应采取保温措施，以防寒潮袭击。对薄壁结构要适当延长拆模时间，使之缓慢地降温。拆模时，块体中部和表面温差控制不大于 20℃，以防止急冷却，造成表面裂缝，基础混凝土拆模后应及时回填。

⑤加强温度管理，混凝土拌制时温度要低于 25℃，浇筑时要低于 30℃。浇筑后控制混凝土与大气温度差不大于 25℃，混凝土本身内外温差在 20℃以内，加强养护过程中的测温工作，发现温差过大，及时覆盖保温，使混凝土缓慢地降温，缓慢地收缩，以有效降低约束应力，提高结构抗拉能力。

⑥测温时在砼浇捣部分埋入温度计，绑扎在钢筋上，用电源接到电流感应器，由电流感应器通电后可反映出砼中温度，便于控制。

第五节 支座安设

一、适用范围

适用于公路桥梁工程中板式橡胶支座、盆式橡胶支座、球型支座的安装。

二、施工准备

（一）机具设备

1. 主要机械

空压机、发电机、电焊机、汽车吊、水车、水泵等。

2. 工具

扳手、水平尺、小铁铲、铁锅、铁锹、铁抹子、木抹子、橡皮锤、钢丝刷、钢楔、细筛、扫帚、小线、线坠等。

（二）作业条件

①桥墩混凝土强度已达到设计要求，并完成预应力张拉。

②墩台（含垫石）轴线、高程等复核完毕并符合设计要求。

③墩台顶面已清扫干净，并设置护栏。

④上下墩台的梯子已搭设就位。

（三）技术准备

①认真审核支座安装图纸，编制施工方案。经审批后，向有关人员进行交底。

②进行补偿收缩砂浆及混凝土各种原材料的取样试验工作，设计砂浆及混凝土配合比。

③进行环氧砂浆配合比设计。

④支座进场后取样送有资质的检测单位进行检验。

三、操作方法

（一）板式橡胶支座安装

1. 垫石顶凿毛清理

应采用人工铁錾凿毛。

2. 测量放线

根据设计图上标明的支座中心位置，分别在支座及垫石上画出纵横轴线，在墩台上放出支座控制标高。

3. 找平修补

将墩台垫石处清理干净，用干硬性水泥砂浆将支承面缺陷修补找平，并使其顶面标高符合设计要求。

4. 拌制环氧砂浆

①将细砂烘干后，依次将细砂、环氧树脂、二丁酯、二甲苯放入铁锅中加热并搅拌均匀。

②环氧砂浆的配制严格按配合比进行，强度不低于设计规定，设计无规定将不低于40MPa。

③在黏结支座前将乙二胺投入砂浆中并搅拌均匀，乙二胺为固化剂，不得放得太早或过多，以免砂浆过早固化而影响黏结质量。

5. 支座安装

①安装前按设计要求及国家现行标准有关规定对产品进行确认。

②安装前对桥台和墩柱盖梁轴线、高程及支座面平整度等进行再次复核。

③支座安装在找平层砂浆硬化后进行。黏结时，宜先黏结桥台和墩柱盖梁两端的支座，经复核平整度和高程无误后，挂基准小线进行其他支座的安装。

④当桥台和墩柱盖梁较长时，应加密基准支座防止高程误差超标。

⑤黏结时先将砂浆摊平拍实，然后将支座按标高就位，支座

上的纵横轴线与垫石纵横轴线要对应。

⑥严格控制支座平整度，每块支座都必须用铁水平尺测其对角线，误差超标应及时予以调整。

⑦座与支承面接触应不空鼓，如支承面上放置钢垫板时，钢垫板应在桥台和墩柱盖梁施工时预埋，并在钢板上设排气孔，保证钢垫板底混凝土浇筑密实。

6. 其他板式橡胶支座安装

①滑板式支座安装：滑板式支座的不锈钢板表面不得有损伤、拉毛等缺陷，不锈钢板与上垫板采用榫槽结合时，上垫板开槽方向应与滑动方向垂直；滑板式支座安装时，支座与不锈钢板安装位置应视气温而定，不锈钢板滑动应留有足够的长度，防止伸缩时支座滑出滑道。

②四氧板支座安装时，其表面应用丙酮或酒精擦干净，储油槽应注满硅脂。

③坡型板式橡胶支座上的箭头要与桥梁合成坡度的方向相对应。

（二）盆式橡胶支座安装

1. 螺栓锚固盆式橡胶支座安装方法

①将墩台顶清理干净。

②测量放线。在支座及墩台顶分别画出纵横轴线，在墩台上放出支座控制标高。

③配制环氧砂浆。配制方法见拌制环氧砂浆的有关要求。

④安装锚固螺栓。安装前按纵横轴线检查螺栓预留孔位置及尺寸，无误后将螺栓放入预留孔内，调整好标高及垂直度后灌注

环氧砂浆。

⑤用环氧砂浆将顶面找平。

⑥安装支座。在螺栓预埋砂浆固化后找平层环氧砂浆固化前进行支座安装，找平层要略高于设计高程，支座就位后，在自重及外力作用下将其调至设计高程。随即对高程及四角高差进行检验，误差超标及时予以调整，直至合格。

2. 钢板焊接盆式橡胶支座安装方法

①预留槽凿毛清理。墩顶预埋钢板宜采用二次浇筑混凝土锚固，墩、台施工时应注意预留槽的预留，预留槽两侧应较预埋钢板宽 100mm，锚固前进行凿毛并用空压机及扫帚将预留槽彻底吹扫干净。

②测量放线。用全站仪及水准仪放出支座的平面位置及高程控制线。

③钢板就位，混凝土灌注。钢板位置、高程及平整度调好后，将混凝土接触面适当洒水湿润，进行混凝土灌注，灌注时从一端灌入另一端排气，直到灌满为止。支座与垫板回应密贴，四周不得有大于 1.0mm 的缝隙，灌注完毕及时对高程及四角高差进行检验，误差超标及时予以调整，直到合格。

④支座就位、焊接。校核平面位置及高程，合格后将下垫板与预埋钢板焊接，焊接时应对称间断进行，以减小焊接变形影响，适当控制焊接速度，避免钢体过热，并应注意支座的保护。

3. 盆式橡胶支座安装要求

①盆式支座安装前按设计要求及现行《公路桥梁盆式橡胶支座标准》JT391 对成品进行检验，合格后安装。

②安装前对墩、台轴线、高程等进行检查，合格后进行下一

步施工。

③安装单向活动支座时，应使上下导向挡板保持平行。

④安装活动支座前应对其进行解体清洗，用丙酮或酒精擦洗干净，并在四氧板顶面注满硅脂，重新组装应保持精度。

⑤盆式支座安装进上、下各座板纵横向应对中，安装温度与设计要求不符时，活动支座上、下座板错开距离应经过计算确定。

四、季节性施工

（一）雨期施工

雨天不得进行混凝土及砂浆灌注。

盆式支座及球形支座安装完毕后，在上部结构混凝土浇筑前应对其采取覆盖措施，以免雨水浸入。

（二）冬期施工

灌注混凝土及砂浆应避开寒流。

应采取有效保温措施，确保混凝土及砂浆在达到临界强度前不受冻。

采用焊接连接时，温度低于 -20℃时不得进行焊接作业。

五、质量标准

（一）基本要求

①各种支座都要有产品合格证明，规格符合设计规定，经检验合格后安装。

②支座安装后应使上下面全部密贴，不得有个别支点受力或脱空现象。

③支座黏结材料产品应符合要求，粘结束层均匀不空鼓。

④支座锚固螺栓长度符合设计要求，安装锚固螺栓时，其外露螺母顶面的高度不得超过螺母的厚度。

⑤混凝土或砂浆要饱满密实，强度满足设计要求。

（二）允许偏差（mm）检验方法

支座高程 ±2 ±2 用水准仪测支座，计取最大值。

支座位置≤ 3 ≤ 3 用全站仪测，纵、横各计 2 点。

支座平整度≤ 2 ≤ 2 用铁水平检测对角线。

（三）外观鉴定

1. 支座外观不得有影响使用的外伤。

2. 多余混凝土或砂浆应清理干净，外露面应拍实压平。

六、成品保护

①上部结构预制梁板就位不准确或梁板与支座不密贴时，必须吊起梁板垂新就位或垫钢板消除缝隙，不得用撬棍移动梁板。

②当支座钢体采用焊接时，要将橡胶块用阻燃材料予以适当覆盖遮挡，防止烧伤支座，并避免钢体受热。

③球型支座运营一年后应进行检查，清除支座附近的杂物及灰尘，并用棉纱仔细擦除不锈钢表面灰尘。

第五章 桥梁工程施工技术

第一节 桥梁下部结构施工

扩大基础或明挖基础属直接基础，是将基础底板设在直接承载地基上，来自上部结构的荷载通过基础底板直接传递给地基。

扩大基础的施工方法通常是采用明挖的方式。在开挖基坑前，应做好复核基坑中心线、方向和高程，并应按地质水文资料，结合现场情况，决定开挖坡度、支护方案以及地面的防水、排水措施。如果地基土质较为坚实，开挖后能保持坑壁稳定，可不设置支撑，采取放坡开挖。实际工程由于土质关系、开挖深度、放坡受到用地或施工条件限制等因素影响，需采取各种加固坑壁措施，如挡板支撑、钢木结合支撑、混凝土护壁等。若在开挖过程中有渗水现象时，则需要在基坑周边挖沟或集水井以利于排除积水。在水中开挖基坑时，通常需预先修筑临时性的挡水结构物（称为围堰），将基坑内水排干，再开挖基坑。

基坑开挖至设计高程后，必须抓紧进行坑底土质鉴定、清理与整平工作，及时砌筑基础结构物。因此，明挖扩大基础施工的

主要内容包括基础的定位放样、基坑开挖、基坑排水、基底处理以及砌筑（浇筑）基础结构物等。

一、基础的定位放样

为建筑基础开挖的临时性坑井称为基坑。基坑属于临时性工程，其作用是提供一个空间，使基础的砌筑作业按照设计所指定的位置进行。

在基坑开挖前，先进行基础的定位放样工作，以便正确地将设计图上的基础位置准确地设置到桥址上。放样工作根据桥梁中心线与墩台的纵、横轴线，推出基础边线的定位点，再放线画出基坑的开挖范围。基坑底部的尺寸较设计的平面尺寸每边各增加 0.5 ~ 1.0m 的富余量，以便支撑、排水与立模板。

二、陆地基坑开挖

基坑大小应满足基础施工要求，对有渗水土质的基坑坑底开挖尺寸，需按基坑排水设计基础模板设计而定，一般基底尺寸应比设计平面尺寸各边增宽 0.5 ~ 1.0m。基坑可采用垂直开挖、放坡开挖、支撑加固或其他加固的开挖方法，具体应根据地质条件、基坑深度、施工期限与经验，以及有无地表水或地下水等现场因素来确定。

（一）坑壁不加支撑的基坑

在干涸无水河滩、河沟中，或在有水经过但通过改河或筑堤能排除地表水的河沟中；在地下水位低于基底，或渗透量少，不影响坑壁稳定，以及基础埋置不深，施工期较短，挖基坑时不影响邻近建筑物安全的施工场所，可考虑选用坑壁不加支撑的基坑。

黏性土在半干硬或硬塑状态下，基坑顶缘无活荷载，稍松土质基坑深度不超过0.5m，中等密实（锹挖）土质基坑深度不超过1.25m，密实（镐挖）土质基坑深度不超过2.0m时，均可采用垂直坑壁基坑。

基坑深度在5m以内，土的湿度正常时，基坑可采用斜坡坑壁开挖或按坡度比值挖成阶梯形坑壁，每梯高度为0.5 ~ 1.0m为宜，可作为人工运土出坑的台阶。基坑深度大于5m时，坡度可适当放缓，或加作平台。土的湿度影响坑壁的稳定性时，应采用湿润下土的天然坡度或采取加固坑壁的措施。当基坑的上层土质适合敞口斜坡坑壁，下层土质为密实黏性土或岩石时，可用垂直坑壁开挖，在坑壁坡度变换处，应保留至少为0.5m的平台。

无水基坑的施工方法。对于一般小桥涵的基础，基坑工程量不大，可用人力施工方法；大、中桥基础工程，基坑深，基坑平面尺寸较大，挖方量多，可用机械或半机械施工方法。

基坑施工过程中应注意以下几点。

①在基坑顶缘四周适当距离处设置截水沟，防止水沟渗水，以避免地表水冲刷坑壁，影响坑壁稳定性。

②坑壁边缘应留有护道，静荷载距坑边缘不小于0.5m，动荷载距坑边缘不小于1.0m；垂直坑壁边缘的护道还应适当增宽；水文地质条件欠佳时应有加固措施。

③应经常注意观察坑边缘顶面土有无裂缝，坑壁有无松散塌落现象发生，以确保安全施工。

④基坑施工从开挖至基础完成，不可延续时间过长，应抓紧时间连续施工。

⑤如用机械开挖基坑，挖至坑底时，应保留不小于30cm厚度的底层，在基础浇筑圬工前，用人工挖至基底高程。

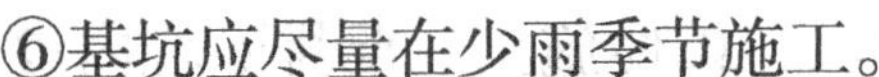

⑥基坑应尽量在少雨季节施工。

⑦基坑宜用原土及时回填，对桥台及有河床铺砌的桥墩基坑，则应分层夯实。

（二）坑壁有支撑的基坑

当基坑壁坡不易稳定并有地下水渗入，或放坡开挖场地受到限制，或基坑较深、放坡开挖工程数量较大，不符合技术经济要求时，可视具体情况，采取以下的加固坑壁措施，如挡板支撑、钢木结合支撑、混凝土护壁及锚杆支护等。

坑壁有支撑的施工，按土质情况不同，可一次挖成或分段开挖，每次开挖深度不宜超过 2m。

混凝土护壁适用于除流沙及呈流塑状态的黏土外的各类土的开挖防护，对直径较大、基坑较深的圆形或椭圆形土质基坑更宜采用。混凝土护壁的施工方法有两种：

一是喷射混凝土护壁。根据经验，一般喷护厚度为 5 ~ 8cm，一次喷护需 1 ~ 2h。如一次喷护达不到设计厚度，应等第一次喷层终凝后再补喷，直至达到要求厚度为止。喷护的基坑深度应按地质条件确定，一般不宜超过 10m。

二是现浇混凝土护壁。基坑开挖视地质稳定情况，一般挖深 1.0 ~ 1.8m 时，即应立模浇筑混凝土。拆模时间应根据掺速凝剂数量、气温条件、混凝土达到支撑强度等要求来决定，通常达 24h 以上便可拆模。挖一节浇一节直至基底。可采用钢筋混凝土护壁。对于圆形基坑，开挖面应均匀分布，对称施工，筑，无支承的总长度不得超过二分之一周长。

三、基坑排水

基坑坑底一般多位于地下水位以下，地下水会经常渗进坑内，因此，必须设法把坑内的水排除，以便施工。要排除坑内渗水，首先要估算渗水量，方能选用适合的排水设备。

（一）渗水量的计算

施工前为了估计基坑抽水设备能力，应先计算基坑的渗水量。其中土的渗透系数是计算渗水量准确与否的关键。

（二）基坑排水

桥梁基础施工中常用的基坑排水方法有集水坑排水法和井点排水法。

1. 集水坑排水法

除严重流沙外，一般情况下均可适用。集水坑（沟）的大小，主要根据渗水量的大小而定；排水沟底宽不小于 0.3m，纵坡坡度为 1% ~ 5%，如排水时间较长或土质较差时，沟壁可用木板或荆笆支撑防护。集水坑一般设在下游位置，坑深应大于进水笼头高度，并用荆笆、竹篾、编筐或木笼围护，防止泥沙阻塞吸水笼头。

2. 井点排水法

当土质较差有严重流沙现象，地下水位较高，挖基较深，坑壁不易稳定，用普通排水方法难以解决时，可采用井点排水法，降水深度一般可达 4 ~ 6m，二级井点可达 6 ~ 9m，超过 9m 应选用喷射井点或深井点法。具体可视土层的渗透系数、要求降低地下水位的深度及工程特点等，选择适宜的井点排水法和所需设备。

用井点排水法降低土层中地下水位时，应尽可能将滤水管埋设在透水性较好的土层中，并应在水位降低的范围内，设置水位观测孔；整个井点系统应加强维修和检查，保证能不间断地进行

抽水；还应考虑到水位降低区域构筑物受其影响而可能产生的沉降。为此要做好沉降观测，必要时应采取防护措施。

井点排水法因需要设备较多，施工布置较复杂，费用较大，应进行技术经济比较后方可考虑采用。在桥涵基础上多用于城市内挖基。

四、基底检验与处理

（一）基底检验

基础是隐蔽工程。基坑施工是否符合设计要求，在基础浇筑前应按规定进行检验。基坑开挖并处理完毕，应首先由施工人员自检并报请检验，确认合格后填写地基检验表；经检验签证的地基检验表由施工单位保存作为竣工交验资料；未经签证，不得砌筑基础。检验的目的在于：确定地基容许承载力的大小、基坑位置与高程是否与设计文件相符，以确保基础的强度和稳定性，不致于发生滑移等病害。

基底检验的主要内容应包括：检查基底平面位置、尺寸大小，基底高程；检查基底土质的均匀性、地基稳定性及承载力等；检查基底处理和排水情况；检查施工日志及有关试验资料等。

基底检验根据桥涵大小、地基土质复杂情况（如溶洞、断层、软弱夹层、易熔岩等）及结构对地基有无特殊要求等，按以下方法进行。

1. 小桥涵的地基

一般采用直观或触探方法，必要时进行土质试验。特殊设计的小桥涵对地基沉降有严格要求，且土质不良时，宜进行荷载试验。对经处理后的特殊地基，一般采用触探或进行密实度检验等。

2. 大、中桥和填土 12m 以上涵洞的地基

一般由检验人员用直观、触探、挖试坑或钻探（钻深至少 4m）试验等方法，确定土质容许承载力是否符合设计要求。对地质特别复杂，或在设计文件中有特殊要求，或虽经加固处理又经触探、密实度检验后尚有疑问的，需进行荷载试验，确认符合设计要求后，方可进行基础结构物施工。

（二）基底处理

天然地基上的基础是直接靠基底土壤来承担荷载的，故基底土壤状态的好坏，对基础及墩台、上部结构的影响极大，不能仅检查土壤名称与容许承载力大小，还应为土壤更有效地承担荷载创造条件，即要进行基底处理工作。

软土及软弱地基为沉积的软弱饱和黏土层，承压力小、沉降量大，进行处理时，可根据软土层的厚度及其力学性质、承载力大小、施工期限、施工机具和材料供应等因素，因地制宜、就地取材，采取换填土、砂砾垫层、袋装砂井、排水塑料板桩、生石灰桩、真空预压及粉体喷射搅拌法等处理方法。

第二节　梁桥就地浇筑施工技术

梁桥是一种在竖向荷载作用下无水平反力的结构，其就地浇筑施工，是一种古老的施工方法，具有简便可靠、适应性强的优点，适用于中、小跨度的简支梁或连续梁桥。梁桥的就地浇筑（常称现浇）的施工方法主要体现在其支承形式的结构变化上，同时，

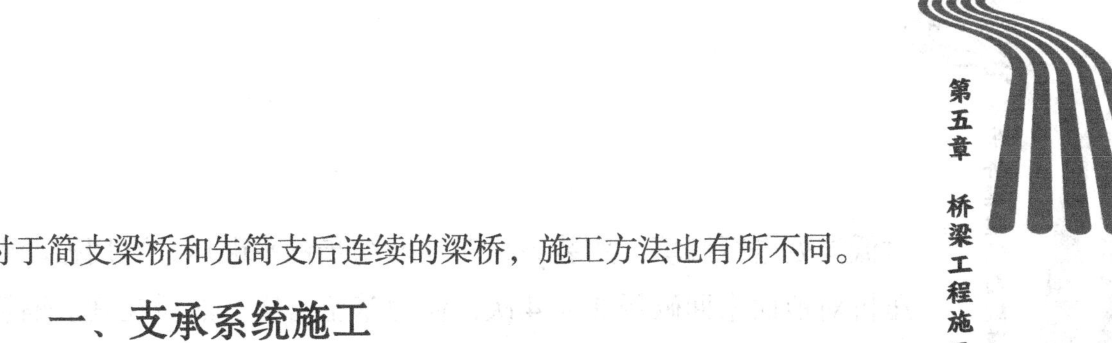

对于简支梁桥和先简支后连续的梁桥，施工方法也有所不同。

一、支承系统施工

（一）满堂支架施工

满堂支架是传统的一种梁桥就地浇筑施工方法。脚手架从最早的“土牛”架，发展为后来的木支架，现在最常用的是钢管脚手架。根据脚手架的连接方式分为扣件式脚手架和碗扣式脚手架两种。

1. 适用条件

①陆地基础较好或经过处理后基础较好，基础受力较均匀。

②单跨地形起伏变化较小。

③支架高度宜为 15 ～ 20m，否则失稳风险会增大。

④支架下无通行要求的桥梁跨线部分。

⑤小半径弯桥和立交匝道。

2. 满堂支架施工步骤

（1）基础处理

满堂支架的基础状况是决定着支架受力条件和安全性。地基处理目的一是为支架搭设提供良好的施工场地环境；二是确保地基的承载力；三是减小基础的沉降量。

在承台施工完成后，及时回填承台基坑。回填前，用水泵抽干坑内集水，挖掘机用干燥的好土或钻渣分层进行回填，每层回填完成后，进行压实处理。在箱梁投影外侧开挖畅通的排水沟，避免场地内集水且降低地下水位，使地基土层自由沉降稳定。

对于松散土层基础，首先对表层松土进行清理，去除淤泥及松土，在清理中应注意对原土层减少破坏；然后用干燥后的碎石对低洼处进行回填，用装载机对地面初步铺平碾压，再用振动碾压机对地面来回碾压 3 ~ 4 次，使地基土密实；然后在其上铺填 30cm 厚碎石层，碾压密实，后用人工对其细平、碾压；最后在基础位置和箱梁外侧分布排水沟，安放立杆底托垫木(20cm × 25cm 枕木），底托垫木必须与碎石层紧密接触，

在岩石等坚实基础上搭设满堂支架，则只需将基础找平即可。若原基础地面存在高差，严禁处理后基础地面单向坡度过大，以防失稳，可考虑分台阶处理，以减少基础处理工作量。

（2）支架搭设

满堂支架一般用 HB 型碗扣脚手架或扣件式脚手架。其中碗扣脚手架为定型定尺便拆工具杆件，安装搭设方便快捷。

基础处理完毕后，测量先放出箱梁投影边线，然后按照杆件分布位置及间距拉线逐根布置立杆。立杆布置时，纵横方向必须拉线进行，保证立杆位置及分布间距均匀一致。因主梁纵桥向坡度和横桥向坡度的存在，杆件（特别是顶杆）要根据净空高度变化而变化。搭设支架时，按照相关规范的安全和构造要求设置扫地杆、剪刀撑、横向斜撑、斜向走道和脚手板。杆件采用人工运输或绳索上拉，不允许随便乱丢，施工人员必须系安全带，在支架搭设中，要时刻检查杆件的距离和立杆的垂直度。

钢管支架搭设完成后，安放顶托，最后安装分配梁。分配梁一般为小型钢，沿纵桥向布置。顶托先调节至中间位置，以便于以后模板高程的调整和卸载要求。顶托 U 形槽口向同一个方向，分配梁放在顶托 U 形槽口内，每个顶托必须与分配梁完全接触，保证受力要求。分配梁在纵向接长时，其接头位置应落在顶托上。分配梁全部安装完成后，根据设计高程要求，先固定最外两侧的

高程，然后拉线调平高程，最后才安装底模。

满堂支架搭设完成后，定期检查支架垂直度和连接件的牢固程度，尤其是在大雨、大风天气下或受到其他特殊情况（如碰撞等）影响后，更应加强检查，及时调整、加固。

（3）满堂支架拆除

在混凝土浇筑并且预应力张拉、灌浆完成后，松开顶托，按照安装顺序的相反步骤拆除满堂支架。借用梁体泄水孔作为吊孔或单独设置吊孔，利用卷扬机辅以手拉葫芦依次下放模板、分配梁、钢管等。支架拆除的施工重点是安全控制和对混凝土结构的成品保护。

（二）梁柱式支架施工

梁桥就地浇筑的梁柱式支架是区别于满堂支架的另一种支架形式，这种支架以大型钢管或型钢、贝雷梁、万能杆件等作为立柱，以型钢、贝雷梁、万能杆件等为梁，具有适应性强、施工速度快、稳定性好等优点。

1. 适用条件

①水上和陆地各种基础条件。

②地形起伏变化大。

③超过 20m 的高支架优势更明显。

④需要跨越河沟或道路。

2. 梁柱式支架施工步骤

支架系统采取由下而上的顺序进行施工：支架基础→立柱支撑安装→卸荷块安装→型钢受力横梁安装→贝雷或万能杆件纵向桁架分段安装→底模分配梁安装→底模及侧模安装。

（1）支架基础施工

工程中应根据基础条件确定梁柱式支架基础的形式，梁柱式支架系统的基础主要有以下形式。

①挖孔桩基础

适用于陆地基础较好的情况。挖孔桩可按照端承桩或摩擦桩计算，可将立柱钢管直接插入桩孔内再灌注混凝土，也可先浇桩，再在桩顶预埋件上安装支架立柱。

②打入桩基础

适用于水上松散基础条件。直接将钢管桩或混凝土桩利用锤击或振动打入，一般是群桩一起受力。

③钢筋混凝土扩大基础

适用于陆地基础较好、支架立柱较多的情况。在开挖或直接整平的基础上浇筑钢筋混凝土扩大基础，在立柱位置设置预埋件。

④借用承台基础

在支架设计计算许可的情况下，支架直接搭设在永久承台上，以减少基础施工成本。

⑤其他形式的支架基础

如沉管桩基础、筏板基础等，根据现场条件和机具设备、材料的可用情况灵活运用。

根据支架基础的形式来选择施工方法，以满足受力要求、达到成本最低的原则。

（2）支架搭设

梁柱式支架的搭设根据所使用材料的不同和现场条件进行组织。考虑到施工标准化、降低工程成本和提高临时措施材料的通用性，提倡采用装配式构件进行支架搭设，减少现场焊接工作量，

加快安、拆进度。单个构件的大小要结合支架总体尺寸、通用性和起重设备性能等综合考虑。

①直柱施工：支架立柱主要有型钢（工字钢或 H 型钢）、钢管（直径为 273 ~ 1200mm）、贝雷桁架、万能杆件等形式。

一般来讲，立柱与基础的连接方式有直接埋入、预埋件焊接、预埋件拴接三种形式，其中禁止在贝雷桁架、万能杆件上焊接作业。为保证结构稳定性、避免应力集中现象，立柱与基础结合处需采取必要的加强措施，如放大、加小斜撑等。

立柱的施工主要是控制其垂直度和连接质量。钢管立柱施工时，采用的法兰连接螺栓应具有连接稳固、不松动的特点，采用焊接接高时应注意严格控制焊缝质量，控制其垂直度，保证上下节的同心度，防止偏心受力。以贝雷桁架、万能杆件作为立柱时，立柱净距应符合模数，即贝雷桁架立柱净距应是 3m 的倍数、万能杆件立柱净距应是 2m 的倍数，同时要保证立柱轴线正好在纵梁桁架节点上。施工中靠每一根杆件（或桁架）和螺栓的连接质量来保证支架质量。

在立柱接长过程中，应逐层及时安装立柱纵横平联，平联最好用法兰螺栓连接，如确需焊接，应采用“哈佛”结构等接头形式，保证焊接质量。

②支架上部结构施工

梁柱式支架的上部结构主要有横梁、纵梁、分配梁以及卸落装置、脚手架、安全设施等。为加快现场安装质量和速度，上部结构构件（如贝雷桁架等）应在现场附近预先拼装成需要安装长度节段，同时单件质量不超过起重设备的能力范围。

支架上部各构件的安装主要是由精度控制的，为保证立柱轴向受力，确保各部分的整体性和稳定性，对不能焊接的桁架结构，可采用设置挡块、U 形卡等形式固定。若在分配梁上搭设钢管脚手架，则应首先根据钢管立柱间距焊接短钢筋，再将钢管立柱套在钢筋上，开始搭设脚手架，并按照相关要求设置斜撑、扫地杆、栏杆、走道等。

（3）梁柱式支架拆除

在混凝土浇筑并且预应力张拉、灌浆完成后，松开卸荷砂箱，按照安装顺序的相反步骤拆除梁柱式支架。借用梁体泄水孔作为吊孔或单独设置吊孔，利用卷扬机辅以手拉葫芦依次下放模板、分配梁、钢管等。如有可能，较矮处可用行走起重机配合拆除。

支架拆除的施工重点是安全控制和对混凝土结构的成品保护，同时也应注意对周转材料的保护，以便多次重复使用。

（三）悬空支架施工

上述的满堂支架和梁柱式支架施工均需支架基础落地受力。悬空支架是指利用永久墩柱作为承力基础、利用钢抱箍或牛腿等形式将梁体施工荷载传递给墩柱的现浇支架形式。悬空支架施工的关键就是与墩柱的连接，其连接方式除常见的抱箍和牛腿结构外，还有在立柱上预留孔穿钢棒或预埋抗剪预埋件作为承力承托加钢大梁系等，具有经济、便捷的特点。

1. 适用条件

①软基处理难度大、不适宜支架落地的情况。

②墩柱较高，支架计算受力满足要求。

③墩柱横梁、盖梁以及小跨度主梁。

④跨线高架桥。

2. 悬空支架施工步骤

（1）悬空支架设计简介

采用钢棒系或抗剪预埋件存在以下缺陷：一是预埋孔或预埋件所用材料不能周转使用；二是预埋管（件）与钢筋位置发生冲突，对浇筑混凝土有影响；三是预留孔和预埋件影响立柱外观质量。因此，只有在抱箍施工困难（如矩形墩柱或薄壁墩等）的情况下才采用钢棒系或抗剪预埋件承力，尤其是在圆墩柱情况下，大多采用钢抱箍结构作为悬空支架的承力结构。

悬空支架的设计重点是进行钢抱箍的设计，其步骤为：确定钢抱箍的设计荷载→假定抱箍设计尺寸→确定抱箍对立柱的均布压力→确定环向及切向应力、验算抱箍尺寸→连接螺栓选型→支承承托设计→焊缝设计→连接法兰设计。

上部结构的设计、构造与梁柱式支架基本相同。

（2）钢抱箍施工

悬空支架靠钢抱箍与立柱混凝土产生的摩擦力来承受其施工荷载，其安装的关键在于它有足够的抗下滑力，它通过抱箍两端的连接法兰间的预拉力来控制。钢抱箍预拉力的实现一般有两种方法：高强连接螺栓或预应力精轧螺纹钢筋。高强连接螺栓通常采用扭矩法控制其轴向拉力，预应力精轧螺纹钢筋则通过千斤顶施加预应力来获得拉力：高强连接螺栓或预应力精轧螺纹钢筋施加拉力时，应分两次施工：先初（拧）拉固定，后终拧（张拉）至设计应力，以保证每一连接螺栓或钢筋均匀受力。

在施工前按照设计荷载的 1.4 倍的重力来试验钢抱箍的抗滑力并确定钢抱箍的下滑量，据此在安装抱箍时适当抬高抱箍高程。

（3）悬空支架上部结构施工

由于悬空支架仅在两墩柱位置抱箍支承受力，支架纵梁跨度大，一般跨中弯矩和变形为其控制要点，所以纵梁一般较大。采用多榀贝雷桁梁或万能杆件作纵梁时，应充分考虑起重设备的能力。

经过经济技术对比，可通过调整施工顺序来减少抱箍受力和减少纵梁数量。一种方法是调整纵向梁段施工顺序，在广东肇庆大桥的施工中，将主梁分段浇筑，先浇筑墩顶部分箱梁，再在已浇梁段上设置吊杆对纵梁加强，最后浇筑跨中部分的箱梁。另一种方法是调整竖向箱梁浇筑次数，如先浇箱梁底板和腹板，后浇顶板和翼缘部分。

（4）悬空支架拆除

在混凝土浇筑并且预应力张拉、灌浆完成后，松开卸荷砂箱，按照安装顺序的相反步骤拆除悬空支架。借用梁体泄水孔作为吊孔或单独设置吊孔，利用卷扬机辅以手拉葫芦依次下放模板、分配梁、钢管等。如有可能，较矮处可用行走起重机配合拆除。

支架拆除的施工重点是安全控制和对混凝土结构的成品保护，同时也应注意对周转材料的保护，以便重复使用。

需要指出的是，若在抱箍承托处设置滚轮支座，在浇筑前进方向布置牵引系统，使纵梁桁架在脱空后能向前移动，则可改造成简易的移动模架。

（四）移动模架施工

移动模架又称架桥机，是将整个支架系统按照梁桥的浇筑顺序依次推进的一种施工工艺，是梁桥就地浇筑施工的一种先进的技术。移动模架系统主要由主梁、鼻梁、横梁、托架、推进工作车、内外模板及辅助支撑等部分组成。

1. 适用条件

适用于箱梁底宽不同、各种竖曲线及墩位的布置，无须进行基础处理。

2. 移动模架施工步骤

（1）移动模架安装

先将起始跨位置进行平整、压实，作为安装场地。移动模架各构件安装顺序：牛腿的组装、主梁的组装及有关施工设备、机具的就位→主梁吊装就位→牛腿的安装→横梁安装→铺设底板、安装模板支架→安装外腹板及翼缘板、底板→内模安装。

根据最大杆件质量选择合适的超重机械进行安装，安装中应将高强螺栓施工、精轧螺纹钢筋施工作为重点控制，确保移动模架整体结构安全。

移动模架在试压和调试、验收后，方可投入使用。

（2）移动模架施工程序

每一跨箱梁的施工均按照以下程序循环进行。

①在已浇梁段前方桥墩上安装一对托架及推进工作车。

②在混凝土浇筑、养护、张拉完成后，主梁由前后托架上的顶升千斤顶下，在推进工作车上。

③解除横梁中间连接，必要时拆除已成梁段内侧翼板模支撑，使翼板模折转。

④利用推进工作车，使系统分离并外移。

⑤拆除后端的托架顶升机构并移至前方托架推进工作车上，主梁纵向前移。

⑥主梁纵向滑移到位后，推进工作车向内侧移动，然后安装横梁，将主梁连接成整体。

⑦顶升千斤顶工作，顶升主梁至浇筑位置。

⑧用可调螺旋支撑调整模板，设置预拱度。

⑨安装内模，绑扎钢筋，浇筑混凝土。

（3）移动模架拆除

当最后一跨预应力施工完成后，移动模架系统可根据情况先倒退到墩高相对矮的地方进行拆除，拆除的顺序与安装相反。箱梁外侧的主梁整体吊装至便桥或船上进行拆卸；两座桥之间的主梁可通过在中央分隔带上设扁担梁，并用吊杆悬挂在空中拆卸或放置在船上进行拆卸。

（五）支承系统的预压

各种支架或移动模架在安装完成、铺设底模后，一般要求进行预压。在预压完成后再进行主梁的钢筋、模板混凝土施工。

1. 预压目的

①检查各支承系统在各种工况下的构件应力、应变实测值与理论值的差异。

②检验支架及基础是否满足受力要求，挠度变形是否在容许范围内。

③消除构件铰接部位和卸落设备的间隙和非弹性变形。

④消除支架基础非弹性变形。

⑤实测支架各处挠度变形量，为设置施工预拱度提供依据。

2. 预压方法

常用的支架预压方法主要有以下几种。

（1）堆载预压法

用砂袋、钢筋、型钢等材料模拟施工荷载的分布和质量，施加在支架上进行预压。本方法就地取材，但施工加载、卸载速度慢，易导致荷载分布不均。

（2）水袋预压法

利用胶皮制作的水袋模拟施工荷载的分布和质量，施加在支架上进行预压。水袋的大小和布置根据荷载分布情况而定，先将空水袋在支架上摆放好，后根据荷载要求通水加载，卸载时只需放水即可。本方法加载、卸载速度快，支架受力均匀，但水袋层叠不宜超过三层，且应充分注意加水、泄水时对支架基础产生的不利影响，做好排水疏导。

（3）吊架（箱）预压法

将均布梁体荷载模拟成支架结构受力最不利处的集中荷载，在该位置设置反力吊架（箱），在吊架内堆载或在吊箱内注水达到支架预压的目的。本方法在支架高度较大时使用较简便，但模拟荷载与实际情况出入较大，需加大安全系数。

（4）反力预压法

同上述方法，将均布梁体荷载模拟成支架结构受力最不利处的集中荷载，在该位置设置反力梁，用预应力筋（精轧螺纹钢筋或钢绞线）与地锚或墩台基础连接，千斤顶反拉预应力筋，使支架受力，达到预压目的。本方法需提早考虑，以便在基础施工时施工地锚设施或其预埋件，但模拟荷载与实际情况出入较大，需加大安全系数。

二、模板施工

就地浇筑的模板主要由底模、侧模和内模三部分组成，模板安装顺序：底模→侧模→内模。模板的拆除顺序则相反，按照先

安后拆、后安先拆的原则进行。

（一）模板结构

就地浇筑的模板主要有两大类：钢模板和竹（木）模板。

1. 钢模板

钢模板的浇筑一般在墩身模板施工时一并考虑，可周转施工。钢模板的结构一般由面板、角钢或槽钢肋、槽钢背带等组成，按照施工受力情况并结合支架结构进行设计和计算。主要是控制分块大小，既保证方便拆卸，又可最大限度地减少加工材料的损耗。

2. 竹（木）模板

竹（木）模板是指以竹胶板、木板为面板的模板，如国产竹胶板（δ在10～20mm）或进口芬兰WISA面板等。可用木工字梁进行背带，也可用钢支架定型木模板。

模板的结构形式可按综合经济、技术、质量要求进行选择，也可以组合使用，如大面积用钢模板，边角异型处用小块竹（木）模板，通用性和特殊性均得到照顾，是比较合理的选择。

在模板安装时各单元间用螺栓连成整体，并结合支承系统的安、拆或移动条件进行优化，以保证安全，加快施工进度。

（二）模板施工

引桥箱梁一般采用移动模架施工，将模板纵、横移动系统结合起来，翼缘底模和侧模连成整体，可横向移动脱空后与底模一起纵移，内模也设置纵移轨道和台车。

1. 模板加工

模板的加工主要是对尺寸精度和面板平整度进行控制，确保各部分连接质量。

梁体模板一般在专业加工厂进行加工，加工时应制作专门胎架，对标准模板进行放样，确保加工模板外形尺寸。出厂前对模板进行组拼，检查外形尺寸及拼缝、平整度等是否满足要求，验收合格后才能运至现场应用。

2. 模板现场施工要点

为了保证模板的正常使用，使模板的状态保持良好，在施工时必须注意以下事项。

①模板存放时，要清理好面板，并涂好油。模板下面要平整。堆放的场地地势要高、排水顺畅，防止雨天被雨水浸泡。堆放好以后，用彩条布遮盖好。

②吊装时要细心，不能使模板承受大的弯矩，更不能碰撞模板 n 模板的吊耳位置要设置合理，既不偏心，又要使模板的受力合理。

③拼装：拼装模板时，要将设计的所有部件连接并紧固好。例如，连接螺栓，有时工人为了安装拆卸省事，而省掉一部分，这样很容易导致模板变形，在施工中是绝对不允许的。

④调整：模板安装完毕，不能将所有紧固件紧固。应按照测量点调整好以后才能紧固。调整模板时，不能采用硬撬、葫芦拉、大锤击、气割电焊等方式。当模板偏位时，首先要分析原因，有针对性地采取措施，避免用生硬的办法调整。

⑤拆卸：根据混凝土强度控制拆模时间。拆卸模板时同样要注意避免生拉硬撬的办法，起吊时要注意不要让板面擦刮硬物。

⑥模板使用后表面的处理：使用过的模板要重新清理。清理时使用电动钢丝轮将面板上黏结的灰浆磨掉。然后，利用棉纱将面板清理干净清理彻底后，涂脱模剂，涂完后，还要用棉纱将面

板轻轻地擦拭一次，使涂层厚度薄而均匀。脱模剂现常用45号耐磨液压油或专用模板漆。

⑦模板拼缝漏浆问题的解决：当前，模板拼缝采用双面不干胶泡沫橡胶条，效果较好。

⑧浇筑混凝土时对模板的保护：浇筑混凝土时，注意振动棒不能接触面板。布料要均匀，防止模板受力不均。落在模板上的灰浆和混凝土要及时清理。

三、钢筋施工

主梁就地浇筑的钢筋施工与其他结构的钢筋施工相比，具有钢筋规格和数量较多、面积大、预应力管道多、预埋件多等特点。

（一）钢筋进场

钢筋来料后，必须出具出厂质量证明书和试验报告单，并及时进行钢筋抽检，钢筋力学性能合格后方可进场，进场后钢筋按类型堆放，钢筋下面垫枕木等与地面悬空，标明钢筋的名称、型号、产地、检验情况等。

（二）钢筋去污、调直

钢筋表面油渍、漆污、浮皮、铁锈用人工除净。对于锈蚀严重损伤的钢筋，应降级使用。

对于粗钢筋局部弯折可用自行加工的F形矫正工具矫正，对于细钢筋或弯曲的粗钢筋可用卷扬机进行调直。

（三）钢筋下料成型

根据箱梁钢筋设计图，箱梁钢筋在钢筋加工房用钢筋加工机械加工成型。加工钢筋的允许偏差应符合规范要求。

（四）钢筋接长

根据下料实际情况，可以将短节钢筋接长使用。对于钢筋直径大于 10mm、小于 25mm 的钢筋一般采用闪光对焊接长，也可采用搭接焊、坡口焊形式进行接长。钢筋直螺纹连接技术是近年发展较快的一种钢筋接长工艺，推广较快。钢筋接头按照要求进行抽检，检验合格后才能使用。

（五）成型钢筋堆放

钢筋加工完成后，按照设计图纸的尺寸和规格堆放钢筋，钢筋下面垫设枕木、上盖彩条布，设置标识牌，标明钢筋尺寸、用处及数量，避免出现钢筋错用。

（六）钢筋运输

加工好的钢筋用吊车分类吊放入运输车，运输到施工现场。在现场临时堆放要求同上。

（七）钢筋绑扎

主梁钢筋的绑扎应注意处理好与预应力、预埋件、模板对拉杆等的先后顺序和空间关系，防止返工或造成不必要的施工困难。若普通钢筋与预应力筋位置冲突，应适当调整普通钢筋位置，保证预应力筋位置准确。

箱梁钢筋绑扎的顺序为：底板钢筋绑扎、预应力管道安装—腹板及横隔梁钢筋绑扎、预应力管道安装—顶板（含翼板）钢筋绑扎、预应力管道安装。需要指出的是，如果在运输、吊装条件许可的情况下，可先在桥下将部分钢筋对接或拼成网片单元，以减少桥上工作量，加快施工进度。

钢筋骨架保护层垫块采用预制混凝土垫块或塑料垫块，其厚度及强度按设计要求确定。安装时，垫块按梅花形布置，间距约1m，底板和顶板适当加密；垫块的固定要牢固。垫块表面应洁净，颜色应与结构混凝土外表一致。

钢筋绑扎完成，需按照规范和设计要求验收后方可进行下道工序施工。

（八）预埋件安装

主梁钢筋施工时必须注意护栏、伸缩缝、支座、泄水管、通信电缆、防雷接地等预埋件的预埋，并确保位置准确、固定稳妥。

四、混凝土施工

就地浇筑混凝土施工具有混凝土用量大、面积大、强度高、分层布料要求严、外观要求高的特点，一般采用泵送施工工艺。

（一）混凝土配合比的要求

主梁混凝土配合比设计时一般应考虑如下因素：

1. 水泥要求

应优先考虑低水化热水泥，如矿渣水泥。采用与墩柱同厂家、同品牌水泥，使混凝土外观颜色一致。

2. 粗集料

含泥量、粉屑、有机物质和其他有害物质不得超过设计规定的数值，集料应具有良好的级配，以达到水泥用量低、混凝土强度稳定、和易性好的目标。同时，粗集料的最大粒径还应满足规范对于钢筋净距、泵送要求的最小值。

3. 细集料

细集料是混凝土中影响敏感性的原材料之一，直接影响着混

凝土的和易性和强度。如细集料偏粗，则和易性差，泌水性大；如偏细，比表面积大，细集料的选用根据试配试验决定。

4. 施工温度

夏季、冬季施工时，分别采用砂石料降温、热水拌和等措施控制混凝土的出仓温度，同时对混凝土运输车和泵管分别采取降温和保温措施，减少混凝土水分和坍落度的损失。

5. 双掺技术

在混凝土中加入外加剂和粉煤灰，一般采用缓凝早强外加剂满足混凝土的施工性能要求，以粉煤灰（有时也用矿粉）替代部分水泥，可降低水化热、增加混凝土的和易性。

6. 主梁就地浇筑混凝土的一般要求

（1）混凝土缓凝时间

按照混凝土运输、浇筑条件、工艺以及单次混凝土浇筑最大用量等确定。

（2）坍落度

依钢筋的疏密程度、泵送距离和设备性能等的差异来确定混凝土坍落度，在满足施工要求的情况下不宜过大，以减少模板系统的压力和减少混凝土的收缩和徐变。一般控制在 14 ~ 18cm。

（3）7 天强度

应达到设计强度 90% 以上，便于及时张拉、拆模、拆除支架，加快施工进度。

（二）混凝土就地浇筑

主梁混凝土由拌和站集中拌制，混凝土泵布料、浇筑。在路上距离较远时，需经混凝土罐车运输至浇筑现场，再泵送施工。在水上主梁就地浇筑时，可直接将水上拌和站移位至需浇筑跨进行混凝土浇筑。

浇筑混凝土前，对支承系统、模板、钢筋、波纹管及其他预埋件进行认真检查。浇筑混凝土过程中，必须对支架系统全过程监控，发现问题及时处理，并为后续施工提供参考。

主梁混凝土可一次浇筑完成，浇筑顺序为：纵桥向由每跨跨中向两端浇筑，避免跨中挠度变形导致接缝处出现裂纹。

浇筑底板混凝土时，在顶板底模上沿纵桥向按一定的距离（约 5m）预留混凝土下料口，当底板浇筑完毕，及时补上下料口处的模板，并加固加撑。人从预留施工入孔穿到箱室内进行底板混凝土振捣收平，室内如有多余混凝土，要及时进行清除。

腹板混凝土采取分层浇筑，分层厚度为 30 ~ 50cm，造成混凝土浇筑冷缝。注意根部放大脚处的混凝土振捣，不能振捣过度而导致压模板上浮，或混凝土翻出压模板，

当浇筑顶板混凝土时，要严格控制主梁顶面高程，一般主梁顶有较薄的防水混凝土层或其他调平层，高程严格控制在规范和设计范围以内，以满足桥面铺装层厚度要求。主梁顶表面的混凝土应压实抹平，并在其初凝前作拉毛处理，以便与上层调平层良好连接。

混凝土振捣一般采用插入式振捣器进行振捣。振捣时，应避免振捣器碰撞模板、钢筋、波纹管及其他预埋件。混凝土振捣应密实，不漏振、欠振或过振。

（三）混凝土养护

混凝土浇筑完初凝后，要及时进行养护。养护方法要适应施工季节的变化：一般情况下采用覆盖洒水养护，使混凝土表面 5 ~ 7 天之内保持潮湿状态。冬期施工气温较低时，混凝土表面

进行覆盖保温保湿养护，必要时采取加热升温的方法。

（四）施工缝处理

主梁采用分段逐跨浇筑施工工艺，为了保证施工接缝处连接良好，在分段处端模拆除后，对端面混凝土进行人工凿毛，确保80%的粗集料露出表面，满足要求后用高压水冲洗干净，在下段混凝土浇筑时，可以在端头接缝混凝土表面刷一层水泥净浆。

进行水平分层浇筑时，在第一次混凝土达到规范规定强度后，及时进行水冲洗凿毛或人工、风动机凿毛，要求相同，并在下次混凝土浇筑时的施工缝位置铺一层10～20mm的1∶2的水泥砂浆。

（五）混凝土施工中的其他注意事项

①在施工过程中，尽量优化方案，严格控制施工荷载，防止局部施工荷载超标造成支架安全性降低。

②主梁混凝土浇筑过程中，严格按照浇筑顺序进行，对称均匀施工，防止支架及模板局部受力过大而不安全。

③混凝土浇筑过程中，要派专人检查模板及支架安全情况，测量人员对支架及地基的沉降及变形进行监测。

④雨季施工时，做好支架基础处的排水设施，特别加强混凝土施工时的监测力度，确保支架的安全。

⑤预应力锚板位置处的钢筋密集，要加强混凝土振捣，使混凝土密实，确保预应力张拉安全。

五、预应力施工

（一）预应力施工程序

主梁预应力采用后张法施工工艺，预应力筋一般以钢绞线为主，布置在底板纵向和顶板纵向、横向。主梁预应力施工顺序为：波纹管及锚垫板安装，固定（与钢筋绑扎同时进行）→混凝土浇筑→锚具安装、千斤顶安装→预应力束张拉→孔道压浆→封锚。对于在预应力筋管道曲率半径较小、浇筑混凝土后穿束困难或预应力束需接长的情况下，可采取先穿法工艺，即在混凝土浇筑前穿好钢绞线束。

预应力张拉顺序按照设计要求确定，一般为先纵向后横向，对称施加预应力。

（二）波纹管的卷制安装

主梁预应力孔道采用金属波纹管或塑料波纹管成孔。金属波纹管采用专用卷制机将钢带卷制而成，用量大时可现场加工，随卷随用。塑料波纹管近年被逐步推广使用，具有强度大、刚度强、不易变形的优点，但价格较贵。波纹管卷制成型后，应取样进行径向刚度、抗渗漏试验，合格后方可使用。波纹管采取分段下料、现场安装接长，接长采用大一号的波纹管套接，各接头处使用防水胶布缠裹严密，以防漏浆。

波纹管按设计给定的曲线要素安设，位置要准确，采用“井”字形架立钢筋定预应力钢束。用于纵向预应力钢绞线定位的“井”字形架立钢筋，在直线段一般按 100cm 间距设置，曲线段加密按 50cm 的间距设置；用于横向预应力钢绞线定位的架立钢筋，一般按 100cm 间距设置。波纹管安装过程中，当受到普通钢筋的影响时，应适当调整普通钢筋的位置。

若采取普通压浆工艺，每根波纹管按要求设置排气管，排气管采用 ϕ 20mm 的黑胶管或钢丝软管。安装好的排气管根据波纹管进行编号，并从主梁的顶板、底板及腹板引出。

安装好的波纹管要注意保护，在钢筋绑扎、混凝土浇筑过程中，不得踏压波纹管；不得在没有防护的情况下在波纹管的上方或附近进行电焊或气割作业。

混凝土浇筑前，应进行隐蔽工程验收。仔细检查波纹管的位置、数量、接头质量及固定情况；检查直管是否顺直，弯管是否顺畅；检查波纹管是否被破坏，发现问题应及时处理。

（三）锚垫板安装

锚垫板进场时，应按要求进行检查验收，抽检实验合格后才能使用。

锚垫板安装位置要准确，安装与孔道垂直，定位完成后，及时固定。安装好的锚垫板尾部与波纹管套接，波纹管套入锚垫板的深度不小于10cm。其接缝填塞严密，并用防水胶布缠裹。锚垫板口及预留孔内用棉纱或其他材料填塞，并用防水胶布封闭。

（四）钢绞线下料、安装及接长

钢绞线进场后，按规范要求进行验收，对其强度、延伸量、弹性模量及外形尺寸进行检查、测试，合格后才能使用。

钢绞线按设计要求的长度（根据施工实际要求来确定张拉工作长度）进行下料，砂轮切割机切割。下好料的钢绞线堆放整齐，并采取防雨、防潮措施，存放时间不宜过长。

在钢绞线端头套上“子弹头”，人工穿入管道内。用于接长的钢绞线一端要先挤压锁头器（P锚），在每联的第二跨开始用连接器接长。顶板横向预应力钢束一般为单端张拉，不张拉的一端须轧花（H锚）。

（五）锚具及千斤顶准备

锚板、夹片在使用前必须通过检查验收，合格后分类保存；

千斤顶和油压表应配套使用，千斤顶与配套油表频率（6 个月或 200 次）按照规范要求，及时进行标定。预应力束一般采用穿心式千斤顶张拉，张拉最大拉力不得超过千斤顶吨位的 80%。

在预应力锚具及千斤顶安装时，先清理锚垫板及钢绞线，然后分别安装锚板，夹片、限位板、千斤顶、工具锚板及工具夹片。

（六）预应力束张拉

张拉时，主梁混凝土的强度应符合设计要求，设计未规定，不应低于设计强度等级值的 75%。

较大工程的现浇连续主梁一般为双向预应力体系。主梁预应力束张拉顺序一般为：先张拉纵向预应力束，后张拉横向预应力束。纵向预应力束张拉顺序为：先张拉腹板预应力束，后张拉顶、底板预应力束，并以主梁中心线为准对称张拉，腹板预应力束由高处向低处顺序张拉，顶、底板顶应力束先中间后两边。

张拉注意事项如下。

①张拉设备设专人保管使用，并定期检验、标定、维护；锚具应保持干净并不得有油污。

②张拉前检查锚具锥孔与夹片之间、锚垫板喇叭口内有无杂物。

③每次夹具安装好后必须及时张拉，以防其在张拉前生锈而影响锚固性能。

④在混凝土浇筑前要在主梁顶设测量观测点，以观测混凝土浇筑前后及预应力张拉前后的高程变化。

⑤当两束或两束以上钢束的位置相互影响张拉时，必须征求设计、监理工程师的同意方可适当挪动钢绞线束位置或加大槽口的深度。

（七）孔道压浆

预应力束张拉完成，即进行孔道压浆，并保证压浆质量。

目前预应力管道压浆有传统工艺和真空辅助压浆两种工艺。真空辅助压浆工艺与传统压浆（压力压浆）工艺相比，多了一个真空泵对预应力管道抽空气的工序，其具体作用如下：传统压浆预应力管道内含有气泡和有害成分的雨水，容易造成孔隙或预应力筋腐蚀，影响混凝土内在质量；另外，可能存在压浆不密实、不饱和现象，容易产生孔隙，为工程留下隐患。真空辅助压浆工艺能够将预应力管道内的气泡或含有有害成分的雨水抽出，可以消除气泡、减少有害水分锈蚀预应力筋，使浆体充满整个孔道。由于真空辅助压浆对压浆泵、管道、锚具和操作要求均较高，一般仅在重点工程中推广使用。对于预应力管道长度较短（30m 以内）的一般工程，仍习惯采用传统压浆工艺，但在操作工艺上需严格控制。

1. 浆液的主要技术要求

压浆采用普通硅酸盐水泥配制的水泥浆，其主要的技术要求如下。

①水泥浆的强度应达到设计强度。

②水灰比宜控制在 8 ： 9，稠度宜控制在 14 ~ 18Pa · s。

③泌水率最大不得超过 3%，拌和后 3h 泌水率宜控制在 2%，泌水应在 24h 内重新全部被浆吸回。

④水泥浆里宜掺入适当的减水剂和膨胀剂。

2. 传统压浆工艺压浆操作要点

①张拉工序完成后，用砂浆或水泥净浆封堵锚头外面钢绞线，使压浆时水泥浆不会从钢绞线与锚头缝隙中流出。封堵砂浆具有

一定强度后，在压浆端安装压浆管清洗管道准备压浆。

②压浆前，用高压水将孔道冲洗干净，然后用空气机压缩空气将孔道内的积水排除。

③压浆先压注下层孔道，并从低处压浆孔压入。

④压浆应缓慢、均匀、连续地进行。

⑤压浆的最大压力宜为 1.0MPa，并确保孔道的另一端饱满出浆，出浆的稠度应满足规定要求。在操作过程中，当出浆口排出的水泥浆很浓时，关闭出浆口，并稳压 2min 以上。当从压浆孔拔出喷嘴后，立即用木塞塞住。

⑥每次调制好的水泥浆应连续搅拌，并在 30 ~ 45min 内用完。

⑦夏天施工期间，如气温高于 35℃，压浆在夜间进行：冬季孔道压浆应在正常温度下进行，同时压浆过程中及压浆后 48h 内，结构混凝土温度不得低于 5℃。

⑧压浆结束后，立即用高压水对主梁被污染的表面进行冲洗，防止遗漏的浮浆黏结，影响混凝土黏结质量。

3. 真空辅助压浆工艺

真空辅助压浆前，检查主要压浆设备包括拌浆机、压浆泵、真空泵等的完好情况。张拉完成后，将多余的钢绞线用砂轮机切除，钢绞线剩余长度 3 ~ 4cm。安装封锚盒（用钢板焊接而成），用高强度等级的水泥砂浆对需压浆的锚头进行封堵，人工振捣，保证封锚密实。封锚密实是真空辅助压浆的一道关键工序，如封锚不密实，管道抽取真空时达不到真空度，影响压浆效果。

封锚强度达到 5MPa（24h 左右）后，就可以进行真空辅助压浆。将压浆阀、排气阀全部关闭，抽真空阀打开，启动真空阀抽真空，当真空压力表达到 -0.08MPa 时，停泵约 1min，如果压力表读数

不变，表示孔道达到且能维持真空。

采用高速搅拌机搅拌水泥浆，在开始压浆前对稠度进行检测，在压浆过程中，不定期对稠度进行抽测。

真空压浆具体操作步骤如下。

①水泥浆搅拌均匀后，经过一层过滤网，送入储浆罐，再由储浆罐引到压浆泵，在压浆泵高压橡胶管出口打出浆体，直到出来的浆体与压浆泵的浆体浓度一样时关掉压浆泵，然后将高压橡胶管接到孔道压浆管，绑扎牢固。

②关闭压浆阀，启动真空泵，当真空值达到并维持在 –0.06 ~ 0.1mPa 时，打开压浆阀，启动压浆泵，开始压浆。压浆过程中，真空泵应保持连续工作。压浆时要保证从低端压进，高端压出。

③待真空端的透明胶管有浆体经过时，关闭真空泵前端的真空阀，关闭真空泵，水泥浆会自动从“止回排气阀”中顺畅流出，当稠度与灌入的浆体相同时，关闭抽真空端的阀门。

④压浆泵继续工作，压力达到 0.6MPa 左右，持压 1min，完成排气泌水，使管道内浆体密实饱满，完成压浆，关闭压浆泵及压浆阀门。

为了较准确测定实际压浆量，在压浆泵出口安装流量计，每根管道实际压浆量根据流量计读数确定，然后将每根波纹管理论压浆量，与实际压浆昼进行比较，必须保证实际压浆量略大于理论压浆量。

压浆完成后，拆卸外接管路，清洗真空泵的空气滤清器及管路阀门，清洗压浆泵、搅拌机及所有沾有水泥浆的设备和附件。

（八）封锚

压浆完成后，对需封锚的部位及时进行混凝土浇筑。封锚施工时，先对锚具周围的主梁混凝土进行人工凿毛，冲洗干净后，设置钢筋网、支立模板并浇筑混凝土。封锚混凝土的强度应符合设计要求。

六、质量检验

①所用的水泥、砂、石、水、外掺剂及混合材料的质量和规格必须符合有关规范要求，按规定的配合比施工。

②支架和模板的强度、刚度、稳定性应满足施工技术规范的要求。

③预计的支架变形及地基的下沉量应满足施工后梁体设计高程的要求，必要时应采取对支架预压的措施。

④梁（板）体不得出现露筋和空洞现象。

⑤预埋件的设置和固定应满足设计和施工技术规范的规定。

第六章　隧道工程

第一节　隧道工程概述

一、隧道结构组成

洞口工程指隧道及地下建筑工程出人口部分的建筑物，包括洞门，洞口通风和排水设施，边、仰坡支挡结构和引道等。有防护要求的地下工程还包括防护门、密闭门、消波和滤毒设施等。

（一）隧道洞门

其作用为保持洞口仰坡和路堑边坡的稳定；汇集和排除地面水流；便于进行建筑艺术处理。洞门的主要形式有：

1. 环框式洞门

将衬砌略伸出洞外，增大其厚度，形成洞口环框，适用于洞口石质坚硬、地形陡峻而无排水要求的场合。

2. 端墙式洞门

适用于地形开阔、地层基本稳定的洞口；其作用在于支护洞口仰坡，并将仰坡水流汇集排出。

3. 翼墙式洞门

在端墙的侧面加设翼墙而成，用以支撑端墙和保护路堑边坡的稳定，适用于地质条件较差的洞口；翼墙顶面和仰坡的延长面一致，其上设置水沟，将仰坡和洞顶汇集的地表水排入路堑边沟内。

此外，当地形较陡，地质条件较差且设置翼墙式洞门又受地形条件限制时，可在端墙中设置柱墩，以增加端墙的稳定性，这种洞门称为柱式洞门。它比较美观，适用于城郊、风景区或长大隧道的洞口。在傍山地区，为了降低仰坡的开挖高度，减少土石方开挖量，可将端墙顶部做成与地表坡度相适应的台阶状，称为台阶式洞门。

砌筑洞门的材料主要为浆砌块石，混凝土及钢筋混凝土。端墙与洞口环衬砌应连接良好，端墙和翼墙后的空隙应及时回填紧密。两者的基础必须置于稳固的地基上。

（二）引道支挡结构

当隧道洞口处的路面标高与地面标高有较大差距时，须修建引道，如水底隧道洞口与地面干道的连接段和地下铁道牵出线的出口段等。在软土地区，为保证行车安全，减少土方工程，须在引道段建造适当形式的支挡结构，用以挡土、隔水和防洪。其形式有：

重力式、半重力式挡墙，适用于堑壕深度不大的引道，多用浆砌块石建造。

钢筋混凝土 L 形或倒 T 形挡墙，与路面一起构成分离式引道，结构强度高，轻型美观，适宜于城市中应用。

加筋土挡墙，主要由墙面板、拉筋及填料三部分组成，拉筋外端与墙面板联结，其余部分埋在填料中，起承受拉力的作用。

板桩拉锚挡墙。

地下连续墙型支挡结构，适用于深度较大的引道。

槽形支挡结构，是由两侧挡墙和底板连成一个整体的U形钢筋混凝土结构，适用于深度和宽度较大的引道（见路基挡土结构）。

（三）防护门

地下工程中最重要的防护设施，包括门扇、门框和门框墙，用以抵挡冲击波的压力，使人员和设备免受伤害和破坏。它必须具备足够的抗爆强度。门扇材料多用钢筋混凝土。大跨度或有特殊要求的门扇可用钢材。多采用拱形门，也有采用壳体门，平板门的。

（四）密闭门

用来隔绝放射性沾染、生化毒剂，以及潮湿空气进入洞内的设施，应具有良好的密闭性能，不要求具有抗爆能力。钢丝网水泥是门扇最常用的材料。密闭条则用橡胶或塑料制造。

（五）防毒通道

用若干道密闭门分隔的通道，其内部安装有效的换气设备，能够迅速持续地降低放射性沾染，或使生化毒剂的浓度降至容许值。为保证地下工程内部的空气清洁，人员或车辆进出必须经过防毒通道。

（六）消波室

削弱进入地下工程内部空气超压的设施，由防爆活门和扩散室组成。前者是一种能大幅度地削弱空气超压的金属机械装置；

后者是由钢筋混凝土建造的密闭空间，通过其扩散作用可以削弱空气超压。

（七）除尘滤毒室

为使外界沾染放射性灰尘或污染的空气经除尘过滤后才得以进入地下工程内部而设置的房间。其中有除尘器，滤毒器等各种设备。

二、隧道分类

（一）按种类

按照隧道所处的地质条件：土质隧道和石质隧道。

按照隧道的长度：短隧道（铁路隧道规定：L ≤ 500m；公路隧道规定：L ≤ 500m），中长隧道（铁路隧道规定：500 < L ≤ 3000m；公路隧道规定：500 < L ≤ 1000m）、长隧道（铁路隧道规定：3000 < L ≤ 10000m；公路隧道规定 1000 < L ≤ 3000m）和特长隧道（铁路隧道规定：L > 10000m；公路隧道规定：L > 3000m）。

按照国际隧道协会（ITA）定义的隧道的横断面积的大小划分标准：极小断面隧道（2 ~ 3m^2）、小断面隧道（3 ~ 10m^2）、中等断面隧道（10 ~ 50m^2）、大断面隧道（50 ~ 100m^2）和特大断面隧道（大于 100m^2）。

按照隧道所在的位置：山岭隧道、水底隧道和城市隧道。按照隧道埋置的深度：浅埋隧道和深埋隧道。

按照隧道的用途：交通隧道、水工隧道、市政隧道和矿山隧道。

（二）按长度

1. 铁路隧道

①特长隧道：全长 10000m 以上。

②长隧道：全长 3000m 以上至 10000m，含 10000m。

③中隧道：全长 500m 以上至 3000m，含 3000m。

④短隧道：全长 500m 及以下。

2. 公路隧道

①特长隧道：全长 3000m 以上。

②长隧道：全长 1000m 以上至 3000m，含 3000m。

③中隧道：全长 500m 以上至 1000m，含 1000m。

④短隧道：全长 500m 及以下。

（三）城市隧道

城市隧道所处的特殊的地理位置，决定了城市隧道的修建，具有比铁路、公路等无特殊环境要求的隧道更大的风险性。

城市地下工程或隧道工程的施工具有以下特点和难点：

1. 城市隧道大多为浅埋隧道，埋深一般在 20m 以内，在这一范围的岩土体大多是第四纪的沉积层或者堆积层，围岩的工程地质和水文地质条件较差，围岩性质软弱，自稳能力较差，遇水易失稳。

2. 城市隧道或地下工程大都位于城市市区，周围建筑物密度大、地下管线布设复杂、人口众多、交通繁忙、施工场地有限，相比一般的山岭隧道，城市隧道的修建对于施工安全提出了更高的要求，不仅要确保隧道工程本身结构的稳定性和强度要求，还要确保周围的既有建筑物、地下管线或其他市政设施不会因为隧道施工产生的过大变形而发生破坏。

3. 城市隧道埋深大多较浅，隧道施工引起的地表沉降和变形对周边建筑物或地下管线的影响较大。因此，在隧道施工前就必须对邻近建筑物或地下管线的布设情况及相关特性进行详细的调

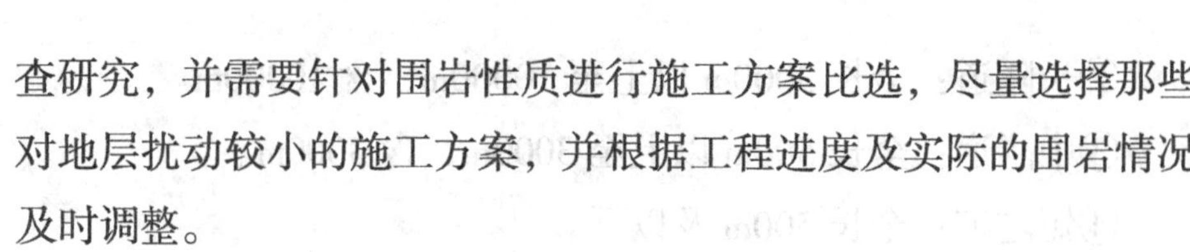

查研究，并需要针对围岩性质进行施工方案比选，尽量选择那些对地层扰动较小的施工方案，并根据工程进度及实际的围岩情况及时调整。

目前国内各大科研院所或隧道施工单位对城市地下工程施工造成的周边环境影响的预测和控制技术的研究还不成熟，由于隧道施工的不确定性和周边环境的复杂性，进行事前的周边环境的安全性判定比较困难，在隧道施工期间进行风险跟踪和控制就显得尤为重要。

（四）水下隧道

水下隧道又称水底隧道，是修建在江河、湖泊、海港或海峡底下的隧道。它为铁路、城市公路、公路、地下铁道以及各种市政公用或专用管线提供穿越水域的通道，有的水底公路隧道还设有自行车道和人行通道。

第二节 洞身工程

一、开挖作业安全技术

（一）风险分析

在隧道洞身开挖过程中，最常见的事故就是隧道坍塌冒顶（即掌子面坍塌和拱顶塌方）、爆炸事故、高处坠落事故、机械伤害等。下面对洞身开挖过程中的风险做具体分析：

①如果开挖方法选择不当（例如围岩破碎时采用全断面法开挖），开挖循环进尺过大，支护不及时，可能发生隧道坍塌冒顶事故。

②如果爆破后找顶不彻底，落石可能砸伤施工人员。

③如果施工人员忽视掌子面、拱顶、侧墙等处的异常情况（如塌方征兆、突水征兆、岩爆征兆等），一旦发生事故，可能无法及时逃生。

④作业台架若不经过强度和稳定性检算，可能因强度不足而垮塌或失稳倒塌，甚至造成施工人员高处坠落或被埋压等更严重的伤害事故。

⑤如果开挖作业台架防护措施缺失，可能造成施工人员高处坠落伤害。

⑥爆破作业时，若安全防护缺失，爆破作业违章操作，可能造成爆炸事故。

⑦大型机械作业时，若无专人指挥，可能造成施工人员机械

伤害。

⑧若用电设备及电线路绝缘不良或违章用电，可能造成触电伤害。

⑨采用台阶法开挖，在台阶下部开挖后，若不及时喷射混凝土进行封闭；设有拱架时，如果钢架安装和混凝土喷射不及时、拱脚长时间悬空，可能发生隧道坍塌冒顶事故。

⑩采用分部法开挖时，若未尽早封闭成环，或各部钢架基脚处未施作锁脚锚管（杆）或未采用扩大拱脚等措施，都可能造成隧道发生坍塌冒顶事故。

⑪采用双侧壁导坑法开挖隧道时，若侧壁导坑宽度过大，则可能发生坍塌冒顶事故。

（二）风险控制的重点

1. 严格遵守基本原则，防止发生坍塌冒顶事故

根据隧道采用新奥法施工的经验，隧道施工采取的基本原则可概括为“少扰动、早喷锚、勤量测、紧封闭”十二个字。只要严格遵循了这十二字原则，在确保隧道施工质量的同时，也能大大减小隧道发生坍塌冒顶事故的概率。

“少扰动”是指进行隧道开挖时，尽量减少对围岩的扰动次数、扰动强度、扰动持续时间和扰动范围，以使开挖出的坑道符合成型的要求。因此，能采用机械开挖的就不用钻爆法开挖。采用钻爆法开挖时，必须先作钻爆设计，严格控制爆破，尽量采用大断面开挖。选择合理的掘进循环进尺，自稳性差的围岩循环进尺宜用短进尺，支护应紧跟开挖面，以缩短围岩应力松弛时间及开挖面的裸露风化时间等。

“早喷锚”是指对开挖暴露面应及时地进行地质描述和及时施作初期锚喷支护。经初期支护加固，使围岩变形得到有效控制，不致因变形过度而坍塌失稳，以达到围岩变形适度而充分发挥围岩的自承能力。必要时应采取超前预支护辅助措施。

“勤量测”是指在隧道施工全过程中，应对围岩周边位移进行现场监控量测，并及时反馈修正设计参数，以指导施工或改变施工方法。通过施工中的量测数据以及对开挖面的地质观察，预测和评价围岩与支护的稳定状态，或判断其动态发展趋势，以便根据建立的量测管理基准及时调整隧道的施工方法（包括开挖方法、支护型式及特殊的辅助施工方法），断面开挖的步骤及顺序，初期支护设计参数等，以确保施工安全，坑道稳定，确保支护衬砌结构的质量和工程造价的合理性。

“紧封闭”是指对易风化的自稳性较差的软弱围岩地段，应使开挖断面及早施作封闭式支护（如喷射混凝土、锚喷混凝土等），可以避免围岩因暴露时间过长而产生风化（降低强度及稳定性），并可以使支护与围岩进入良好的共同工作状态。

2. 安全管理精细化，防止发生各类人身伤害

①从布孔、钻孔、装药、起爆、爆后处理等各环节，严防违章爆破作业，以免发生爆炸事故。

②对于作业台车、作业台架等，要严防未经强度和稳定性检算，杜绝无防止高处坠落措施、杜绝防坠措施不全或失效、杜绝作业人员不系安全带等行为，以免发生作业台架（车）倾覆、垮塌及作业人员高处坠落伤害。

③大型机械作业时，严防违章操作，严防人机混合作业时无专人指挥，严防机械施工现场照明不良，以免发生机械伤害。

④杜绝违章用电，严防用电设备及电线路绝缘不良，严防隧道内架空电线落地，以免发生触电伤害。

（三）风险控制技术措施

1. 基本措施

①隧道开挖前，施工单位应编制开挖专项技术方案，方案应包括开挖方法、工艺流程、应急预案、安全技术措施等内容。

②对进洞施工人员进行安全教育培训（尤其是各类施工灾害征兆的识别技能训练），考试不合格者禁止进洞作业。

③隧道开挖过程中，应根据其地质条件、断面大小、施工装备、工期等条件的变化，在施工过程中对开挖方法作适宜的调整。

④钻爆开挖应采用光面爆破或预裂爆破技术，控制循环进尺，减少对围岩的扰动，且不应对初期支护、衬砌结构和施工设备造成损伤。

⑤两座平行的隧道开挖时，其两个同向开挖工作面应保持合理的纵向距离；间距小的隧道必须采取措施防止后行洞开挖对先行洞产生不良影响。

⑥隧道双向开挖接近贯通面时，两端施工应加强联系与统一指挥。当隧道两个开挖工作面距离接近 15m 时，必须采取一端掘进另一端停止作业并撤走人员和机具的措施，同时在安全距离处设置禁止入内的警示标志。

⑦隧道采用钻爆法开挖必须进行钻爆设计，钻爆设计应考虑爆破振动和噪声对周围环境的影响，应采取减小振动和降低噪声的技术措施。

⑧隧道采用机械开挖时，应根据其断面和作业环境合理选择机型，划定安全作业区域，并设置警示标志，非作业人员不得入内。

⑨隧道采用人工开挖时，作业人员应保持必要的安全操作距离，并设专人指挥。

⑩隧道开挖使用的作业台架应进行强度、刚度和稳定性检算，经验收合格后方可使用，台架四周必须设置安全防护栏杆。

⑪ 隧道找顶必须在通风后进行，并有专人指挥，照明应有充足的光照度；找顶后必须进行安全确认，合格后其他作业人员方可进入开挖工作面作业。

⑫ 隧道在开挖下一循环作业前，必须对照设计检查初期支护施作情况，确保施工作业环境安全。

⑬ 隧道开挖爆破后，应先采用机械进行找顶，然后用人工找顶。人工找顶时，专门监护人员和找顶人员必须经过应急训练并考试合格。

2. 全断面法开挖

①采用全断面法开挖隧道时，为遵循“少扰动”的原则，应控制一次同时起爆的炸药量，以减少爆破振动对围岩的影响。

②在地质条件较差地段，若仍采用全断面法开挖隧道，此时必须对围岩进行超前支护或预加固，并控制循环进尺。

③当隧道水文地质条件发生变化时，必须根据情况及时变换为适宜的开挖方法。

3. 台阶法开挖

①采用台阶法开挖隧道时，应根据围岩条件合理确定台阶长度和高度。围岩稳定性较差时，台阶长度应控制在一倍洞径以内。

②当围岩地质较差、开挖工作面不稳定时，应采用短进尺或上下台阶错开开挖或预留核心土措施，必要时采用喷射混凝土或玻璃纤维锚杆对开挖工作面进行加固。

③台阶上部开挖循环进尺应根据围岩地质条件和初期支护钢架间距合理确定，并不得超过 1.5m。

④当围岩地质较差、变形较大时，上部断面开挖后应立即施作锁脚锚管（杆），扩大拱脚、临时仰拱等措施，控制围岩及初期支护变形量。

⑤台阶下部断面一次开挖长度应与上部断面相同，不得超过 1.5m。

⑥台阶下部开挖后，必须及时喷射混凝土进行封闭；当设有钢架时，必须及时安装下部钢架并喷射混凝土，严禁拱脚长时间悬空。

⑦仰拱开挖应控制一次开挖长度，开挖后应立即施作初期支护，封闭成环。

（四）分部法开挖

①采用分部法开挖隧道时，应选用机械开挖、人工配合的方式，特殊情况采用弱爆破开挖时，必须严格控制炸药用量。

②采用分部法开挖隧道时，应根据地质条件、隧道断面等情况合理进行分部，开挖进尺应控制在 1.0m 以内。

③分部开挖的各部，开挖后应及时进行初期支护及临时支护，并尽早封闭成环。

④采用分部法开挖，各部钢架基脚处应施作锁脚锚管（杆）或采用扩大拱脚等措施，减少拱脚下沉量。

⑤采用中隔壁法和交叉中隔壁法开挖隧道时，同层左，右两侧沿纵向应错开一定距离，错开距离应控制在 10 ~ 15m 范围内，同侧上、下层开挖工作面相距应保持 3 ~ 5m。

⑥采用双侧壁导坑法开挖隧道时，应符合下列规定：侧壁导

坑形状应近似椭圆形，导坑宽度不应大于0.3倍的隧道宽度；侧壁导坑、中槽部位开挖应采用短台阶，台阶长度3 ~ 5m，必要时应预留核心土；侧壁导坑开挖应超前中槽部位10 ~ 15m。

⑦采用分部法开挖的临时支护应根据监控量测结果逐段拆除，每段拆除长度不得大于15m。

二、钻爆作业安全技术与风险控制

（一）风险分析

1. 爆破人员管理

参与爆破环节的各工作人员包括火工产品运输司机、爆破作业人员等，如果未通过技能培训或者专业技能不熟练就上岗，极有可能因为缺乏专业知识或者不正确的操作导致发生运输事故或爆炸事故。

2. 爆破材料储存

①爆破材料储存的库房如果通风不良，潮湿或者禁火不严，炸药可能因为受潮影响爆破效果，或者因为烟火发生爆炸事故，导致人员伤亡。

②爆破材料出入库无记录，造成管理混乱，爆破器材去向不明，给当地带来安全隐患或者给施工埋下隐患，甚至造成爆炸伤人事故。

3. 爆破材料运输

①爆破材料运输时如果使用非专业车辆运输或者个人携带，可能在运输途中因为受到环境的影响发生爆炸而造成人员伤亡事故。

②运输过程中如果将炸药和爆破雷管或其他导爆器材混装一

车，很可能发生爆炸，造成车毁人亡事故甚至造成其他车辆或人员被炸的伤亡事故。

③爆破材料进洞前如果没有仔细清点记录且爆破后不清点记录，爆破材料容易遗留在洞内，给后续施工留下极大的安全隐患。若爆破材料遗失在洞内，在施工过程中易发生爆炸，导致人员伤亡和机械损伤，甚至隧道坍塌事故；或者在下次爆破施工过程中导致遗失的炸药爆炸，导致爆破精度受到影响，造成隧道超欠挖甚至隧道坍塌，甚至造成人员和施工机械被埋压事故。

4. 洞身开挖方式选择

①洞身开挖时应根据围岩情况选择合适的开挖方式，围岩强度不够时仍使用全断面开挖法，围岩因承载力不足会导致围岩倒塌，造成洞内施工人员和机械被埋压事故。

②使用台阶法开挖时，应根据围岩情况确定台阶长度，避免因为施工方式选择错误造成施工过程中隧道坍塌，造成人员和机械被埋压事故。

5. 钻孔作业

①钻孔作业时应避免因照明度不足造成钻孔不符合要求，或者因为照明度不足影响钻孔作业人员的判断失误而造成钻孔机伤人事故。

②钻孔作业面如果通风降尘效果不达标，导致洞内粉尘浓度过高，影响洞内施工人员的健康，甚至因为粉尘浓度过高发生粉尘爆炸事故，导致施工机械损坏和人员伤亡，甚至隧洞坍塌事故。

③钻孔时如果在残孔中继续钻孔，可能造成钻孔不符合要求，在装药爆破后导致爆破效果不佳而埋下安全隐患。

④在钻孔过程中注意观察工作面有没有发生异常漏水，若发

现异常漏水未及时采取措施而是继续钻孔，极有可能导致隧道发生涌水事故，造成施工人员淹溺和施工机械被冲，甚至导致洞室坍塌。由于地下含水层的水压力一般都比较大，含水量也比较多，喷涌而出的地下水对隧道施工的危害是极其严重的，甚至是毁灭性的。

⑤在钻孔过程中还要观察工作面有没有气体喷出，若有气体喷出，如果没有及时撤离人员，极有可能导致施工人员毒气中毒，甚至当瓦斯浓度达到一定浓度时发生爆炸，造成人员伤亡和机械损坏甚至隧洞坍塌。当发现有气体喷出时应加大洞内通风排气，并及时上报有关部门并采取有效措施，避免事故的发生或将事故损失降到最低。

⑥在钻孔过程中应及时观察围岩的变化情况，若围岩变形超过允许范围或围岩变形速度加快，施工人员没能及时停止施工并撤离，可能围岩因变形过大发生隧道倒塌事故，造成人员和机械被埋压事故。

⑦钻孔应符合设计要求，不得过深或过浅。过深可能导致一次爆破量过大，造成隧道坍塌、人员被埋压等事故；过浅可能导致爆破达不到预期的爆破量，后续施工时松动的围岩掉落砸伤施工人员。

⑧人工凿眼时，如果使用未经检查的风钻钻眼，极有可能因风钻机身、螺栓、卡套和支架等残缺造成机械伤人事故。

⑨湿式凿岩机的供水或干式凿岩机的捕尘装置不符合要求时，可能因为供水故障在凿岩时产生过多的粉尘，影响人员身体健康；或捕尘效果不良导致粉尘浓度过大，影响人员身体健康。

⑩带支架的风钻如果在未安置稳妥时就使用，可能因振动导

致钻机倒塌，砸伤施工人员和损坏钻机。

⑪ 风钻卡钻时如果敲打风钻，可能因为敲打造成风钻损坏。未关风前如果拆除钻杆，可能在拆除钻杆时突然转动，造成机械伤人事故。

⑫ 电钻钻眼前如果没有仔细检查把手胶套是否完整，极有可能因为把手胶套不完整造成漏电而发生电击事故。使用电钻时，电钻工未戴绝缘手套或者没有穿绝缘胶鞋，电钻漏电极有可能造成电击事故。

⑬ 未经检查的凿岩台车如果直接工作，凿岩台车可能处于不正常状态，工作时极有可能造成机械伤人事故。

⑭ 如果操作司机在未查看凿岩台车四周情况的前提下直接行走，凿岩台车可能在行走的过程中碰伤甚至碾压凿岩台车周边的施工人员，造成人员伤亡事故或碰撞障碍物而造成机械损坏事故。

⑮ 如果操作司机在无指挥人员指挥的情况下操作凿岩台车，可能因判断失误或操作失误造成机械伤人事故，或者对洞内设施造成破坏。

⑯ 凿岩台车如果行车过快，可能因紧急操作发生事故，造成凿岩台车倾覆事故。

⑰ 如果未加固凿岩台车就进行凿岩作业，凿岩台车可能因为受到岩壁对凿岩台车的反作用力而造成凿岩台车倾覆事故。

⑱ 凿岩台车工作时如果在工作面下站人，凿岩台车凿出的碎石掉落可能造成高处坠物伤人事故。

6. 装药作业

①在未经检查过的工作面上进行装药作业，可能因为工作面

不符合作业要求而导致炸药失效或者爆炸造成人员伤亡和机械损坏事故。

②装药前没有计算好炸药量，如果装药过多可能发生超挖，导致多装运洞渣，给运输工作带来压力，给后续工作（如支护、防排水、二衬等）增加困难。超挖的部位，衬砌完成后可能会出现或大或小的空洞、缝隙，围岩的稳定性也会因此降低，地下水也有了渗漏的通道和存储空间，从而构成了隧道的安全隐患。在施工或使用过程中可能发生隧道渗水甚至倒塌事故，造成人员伤亡事故。

③超挖可能会造成开挖轮廓不圆顺，表面凹凸不平，造成局部应力集中，受力不均，导致隧道支护受损而发生围岩掉落砸伤工作人员，甚至发生隧道坍塌、人员和机械被埋压事故。

④如果在同一工作面同时进行装药与钻孔作业，受钻孔作业影响可能导致炸药爆炸，造成人员伤亡，甚至导致洞室坍塌、施工人员被埋压等重大事故。

⑤装药时如果现场人员管理不严格，无关人员可能进入现场，会对装药人员造成干扰，导致装药效果受到影响，或者意外发生时对无关人员造成人身伤害。

⑥装药时如果使用铁质或其他金属材质代替木质炮棍，在装药过程中可能发生意外，造成人员受伤和机械损坏事故。

⑦作业人员如果穿化纤衣物，可能因为化纤衣物产生过多静电引起炸药发生爆炸，导致人员伤亡和机械损坏事故，甚至造成洞室坍塌、人员和机械被埋压等重大事故。

⑧使用电雷管时，如果在工作面上架设电灯和电线路，可能造成开挖面上携带杂散电流，在装药时杂散电流可能导致炸药爆

炸而造成人员伤亡，甚至发生隧道坍塌、人员和机械被埋压等重大事故。

⑨装药完成后，如果没有及时清理现场、多余的爆破用品未及时送至库房、剩余的爆破用品遗留在爆破现场，可能在起爆时导致爆炸，从而影响爆破效果，导致隧道超欠挖甚至隧道坍塌，造成人员和机械被埋压等重大事故。

7. 实施爆破

①爆破前如果没有对隧道前方的地质情况进行超前预报，可能因为对爆破后的隧道地质情况缺乏正确地了解，爆破后发生涌水、塌方等事故，造成机械被水冲毁或者人员被埋压等事故。

②起爆前如果没有检查现场，确保爆破区内无关人员和机械全部撤离到安全地带，可能因为爆破产生的飞石、气流对人体造成伤害或对机械造成损坏。

③爆破工如果没有随身携带手电筒，可能在点炮时发生照明中断，导致点炮工操作失误，危及生命安全。

④如果一个爆破工一次点炮数过多，可能因为点炮时间过长导致爆破工来不及撤离至安全距离，造成爆破工被飞石砸伤等事故。

⑤采用电雷管爆破时，如果洞内的用电设备因管理不善而发生漏电，导致雷管引爆炸药，造成人员伤亡事故。

⑥当隧道邻近有其他工程正在施工时，在爆破振动影响范围内，如果没有提前告知对方，可能因爆破振动影响造成邻近工程的施工人员受伤或死亡或对工程质量造成影响。

⑦如果一次爆破量过大，可能受前方地质情况影响而发生涌水事故，导致人员伤亡和机械损坏，或者因为一次爆破前进过多

导致支护不及时，发生隧道坍塌事故，造成人员和机械被埋压。

⑧当两工作面接近贯通需要爆破时，如果本工作面实施爆破而未通知对方使其撤离至安全范围内，可能因为本工作面爆破产生的振动使另一工作面受到扰动，发生落石伤人事故；对于导坑已经打通的隧道，在爆破前如果没有做好警戒，对方工作人员可能误入本方爆破区，造成爆炸伤人事故。

8. 爆破结束后

①爆破结束后如果没有及时排除爆破产生的危岩，在施工时可能发生危岩掉落砸伤施工人员事故。

②爆破后如果通风排烟时间不足，施工人员直接进入工作面，爆破产生的有害气体浓度过高，极有可能对人体造成伤害，或者因为爆破存在一定延迟，施工人员进入后发生爆炸，从而导致施工人员伤亡。

③爆破后如果没有派爆破人员检查和排除盲炮就直接进入作业面作业，可能因为存在盲炮而发生爆炸，造成施工人员被炸伤亡和机械被炸坏等事故。

④爆破结束后，支护的完整性可能受到影响，若支护结构产生裂缝或变形等破坏，因没有及时加固或更换，可能造成围岩塌落伤人事故，甚至造成隧道坍塌而导致施工人员和机械被埋压等事故。

⑤找顶完成后，如果没有用方木将危险的围岩撑住，可能发生围岩掉落甚至坍塌而造成施工人员被砸伤亡或者被埋压事故。

（二）风险控制重点

①爆破器材存放地点须远离火源，严禁烟火。

②爆破器材应有专车运输，且避开人多的路线。

③钻孔时若围岩发生异常变化应立即停止施工并及时撤离，经过上报处理确保安全后方可继续施工。

④采用电雷管引爆时，应加强对洞内用电设备和线路的管理，禁止工作面带有杂散电流。

⑤爆破后应及时检查围岩情况，及时对受损的围岩进行加固。

⑥钻孔时应时刻关注工作面有无异常情况发生（如异常漏水、气体喷出和围岩变化）。

⑦装药人员禁止穿化纤衣物。

⑧引爆前应清理现场，现场禁止有无关人员和机械。

⑨火花起爆时严禁明火引爆，且导火索长度要能保证点火人员撤离至安全地点。

⑩爆破结束通风 15min 后，点炮人员应先检查有无盲炮，发现盲炮时应按相关规定处理解决。

（三）风险控制技术措施

①当隧道地质条件发生变化时，必须根据实际情况及时变换适宜的开挖方法。

②当围岩地质条件较差、变形较大时，上部断面开挖后应立即采用施作锁脚锚管（杆）、扩大拱脚、临时仰拱等措施，控制围岩及初期支护变形量。

③分部开挖的各部，开挖后应及时进行初期支护及临时支护，并尽早封闭成环。

④钻孔前，必须由专人对开挖作业面安全状况和作业人员安全防护进行检查，及时消除各种安全隐患。

⑤钻孔作业过程中，必须采用湿式钻孔；严禁在残孔中继续

钻孔。

⑥钻孔作业中应注意观察开挖工作面有无异常漏水、气体喷出和围岩变化等情况。

⑦凿岩台车工作前，必须检查泵、空压机等使其处于正常状态；应检查管路与接头有无漏油、漏水和漏气现象，并确认各部操作杆、控制装置及仪表处于正常状态。

⑧凿岩台车行走前，操作司机应查看凿岩台车周围，确认前后左右无人及障碍物后，按照引导人员的指示信号操作；行走时要平稳，避免紧急操作发生意外事故。

⑨凿岩台车钻孔完成后应停放在安全场所。

⑩在围岩地质条件复杂地段，应对凿岩台车重要部位采取加固措施。

⑪装药作业前，应对钻孔情况进行逐一检查，并检查开挖工作面的安全状况。

⑫装药时应使用木质炮棍装药，严禁火种；无关人员与机具等应撤至安全地点，作业人员禁止穿戴化纤衣物。

⑬使用电雷管时，装药前电灯及电线路应撤离开挖工作面，装药时应用投光灯、矿灯照明，开挖工作面不得有杂散电流。

⑭洞内爆破作业前，施工单位必须确定指挥人员、警戒人员，起爆人员，并确保统一指挥。

⑮洞内爆破作业时，指挥人员应指挥所有人员，设备撤离至安全地点；警戒人员负责警戒工作，设置警示标志。

⑯爆破时，爆破工应随身携带带有绝缘装置的手电筒。

⑰洞内爆破后必须经充分通风排烟，15min 后安全检查人员方可进入开挖工作面，主要检查有无盲炮、有无残余炸药及雷管，

顶板及两帮有无松动的岩块、支护有无变形或开裂等。

⑱ 当发现盲炮、残余炸药及雷管时，必须由原爆破人员按相关规定处理。

第三节　洞口与明洞工程

一、风险控制总体策略

（一）隧道洞口工程的特点

隧道洞口工程是指隧道工程出入口部分的建筑物，包括洞门、洞口通风和排水设施，边、仰坡支挡结构和引道等。

隧道洞门的作用是：保持洞口仰坡和路堑边坡的稳定；汇集和排除地面水流；便于进行建筑艺术处理。

常见洞门的主要形式有：环框式、端墙式、翼墙式等。环框式洞门：将衬砌略伸出洞外，增大其厚度，形成洞口环框，适用于洞口石质坚硬、地形陡峻而无排水要求的场合。端墙式洞门：适用于地形开阔、地层基本稳定的洞口；其作用在于支护洞口仰坡，并将仰坡水流汇集排出。翼墙式洞门：在端墙的侧面加设翼墙而成，用以支撑端墙和保护路堑边坡的稳定，适用于地质条件较差的洞口；翼墙顶面和仰坡的延长面一致，其上设置水沟，将仰坡和洞顶汇集的地表水排入路堑边沟内。此外，当地形较陡、地质条件较差，且设置翼墙式洞门又受地形条件限制时，可在端墙中设置柱墩，以增加端墙的稳定性，这种洞门称为柱式洞门。柱式洞门比较美观，适用于城郊、风景区或长大隧道的洞口。在傍山地区，为了降低仰坡的开挖高度，减少土石方开挖量，可将端墙顶部做成与地表坡度相适应的台阶状，称为台阶式洞门。

（二）隧道洞口工程施工安全风险控制总体策略

隧道进洞前必须完成洞口工程。在隧道洞口施工中，主要防控洞口边仰坡坍塌事故、高处坠落伤害、爆炸伤害和机械伤害，其风险控制的总体策略为：

①隧道洞口段由于岩石、土体破碎，边坡稳定性差，因此洞口段施工是整个隧道工程施工的关键。针对隧道洞口的特点，应做到超前思维，制定出切实可行的安全进洞施工方案，使其既能减少隧道洞口边坡开挖和防护工程量，又能保证施工的安全，使安全风险得到控制，同时维护洞口的原生植被。

②在隧道洞口施工前，应核对施工图与现场实际地质、毗邻建（构）筑物情况，当设计与实际情况不符时，施工单位必须及时上报，并按变更设计处理。

③洞口附近的地表水易诱使本就不太稳定的岩石、土体发生崩塌、滑坡，造成严重的地质灾害，对施工人员的生命造成巨大威胁。因此，洞口应做好截、排水措施，同时洞口截、排水系统应与路基排水系统顺接，不得冲刷路基坡面、桥台锥体和农田房舍。另外，洞口施工过程还应按规定进行监控量测工作。

④洞口附近不恰当的人工切坡，例如施工道路引入和施工场地平整等，可能造成边坡失稳，因此应尽量减少对原地貌的破坏和对洞口岩体稳定的影响。

⑤遇边、仰坡坍塌，地表下沉，地基承载力不足，工作面崩塌，偏压，滑坡等情况，严防未及时处理并加强防护。

⑥杜绝土石方开挖违反作业顺序要求，爆破方式方法不当、

防护措施不足、违规处理火工产品等不安全行为。

⑦杜绝施工机具失稳及安全性能下降或缺失，高处作业台（支）架失稳、安全防护失效等不安全状态。

⑧洞口石质边，仰坡的开挖须采用预留光爆层法或预裂爆破法，杜绝在洞口段采用深眼大爆破或集中药包爆破开挖的不安全方案。

二、洞口截、排水施工安全技术

（一）风险分析

①如果洞口截、排水系统设置不合理，可能造成隧道的边，仰坡坍塌，甚至引发附近的山体滑坡灾害；也可能冲刷附近的施工便道，导致物资运输、弃渣运输时因道路质量不良而造成事故（如翻车或人员跌落等）。

②在桥隧相连地段，如果洞口排水系统冲刷桥台，可能导致桥台基础不稳，影响桥梁结构安全。

③如果排水系统冲刷附近房舍农田，可能导致与附近居民的矛盾与冲突，引起不必要的财产损失或冲突事件。

④在进行截、排水系统施工时，若作业人员穿戴不当，可能被动物咬伤或被植物拉伤。

（二）风险控制重点

①洞口截、排水系统应与附近工程的截、排水系统相结合，以免造成地质灾害隐患。

②根据排水量确定截、排水沟的断面，避免截、排水能力因不能满足要求而造成边、仰坡冲刷坍塌。

（三）风险控制技术措施

①洞口开挖及支护前，应先清理洞口上方及侧方可能滑坍的表土、灌木及山坡危石等，疏通流水沟渠，排除积水。

②洞口边、仰坡上方的天沟应及时施作。对土质天沟应随挖随砌，不得使水流冲刷坡面。

③水沟采用砌体时，砌体应采用挤浆法分层，分段砌筑。分段位置宜设在沉降缝或伸缩缝处，砌体每隔 1.2m 左右找平一次，各段水平砌缝应大致水平。片石要摆码稳固，分层错缝，片石要坐浆挤紧，不得有空洞或缺少砂浆，砂浆饱满，线条顺直，勾缝平顺。沟壁平整，稳定，沟底平整，排水通畅，无冲刷和阻水现象。施工期间需注意安全，加工石料时要戴防护眼罩，并控制石屑飞出的方向，避免伤人。砌石时要轻拿轻放，防止挤手碰脚，严禁下摔。工作面上待用石块必须放稳，防止滑动伤人。

④洞口土石方开挖必须按设计要求进行边、仰坡放线，自上而下分层开挖，分层支护。严禁掏底开挖或上下重叠开挖。

⑤洞门端墙处土石方开挖应结合地层稳定程度、施工季节和隧道施工方法进行。

⑥洞口开挖的土石方应避免因弃渣堵塞造成排水不畅、过大土压力引起山坡坍塌和对桥梁墩台的偏压，以及对其他建筑物的危害，并且不应影响交通运输安全。

三、边、仰坡开挖和防护安全技术

（一）风险分析

①因边、仰坡处理不当，如坡度过大导致滑坡、高处落石等危险，造成施工人员被埋压、被砸伤（亡）事故。

②边、仰坡基础如果不够稳固，造成边、仰坡地基承载力不足，导致边、仰坡塌方，造成人员和机械被埋压，也可能因落石对人员造成物体打击伤害，或损毁机械设备。

③在进行边、仰坡防护处理时，如果土质比较疏松，雨天冲刷导致雨水向洞内回灌，洞内积水造成施工机械故障。

④如果未控制好地表水，致使地表水对边、仰坡的冲刷造成边坡失稳，导致边、仰坡滑坡，导致施工人员和机械设备被埋压事故。

⑤洞口边、仰坡开挖时，若从下部掏挖造成上部土石方因为失去下部的支撑而发生滑坡，造成下面施工人员和机械被埋压事故。

⑥在进行边、仰坡开挖时，如果作业面下方站人或上下工作面同时施工，易发生坠物伤人事故。

（二）风险控制重点

①洞口开挖时应及时施作边坡和仰坡上方的天沟，对于土质天沟应随挖随砌，避免边坡被冲刷。

②应结合边、仰坡底层稳定情况确定边、仰坡开挖方法和进度。

（三）风险控制技术措施

①边、仰坡施工应避开雨季。

②洞口开挖时应及时施作边坡和仰坡上方的天沟，对于土质天沟应随挖随砌，避免边坡被冲刷。

③确定合理的开挖作业顺序。

④进行边、仰坡施工时，应加固边坡基础。

⑤进行边、仰坡施工时，严格按照设计的角度进行施工。

四、洞口基础施工安全技术

（一）风险分析

①采用抗滑桩加固洞口地段地层，进行抗滑桩施工时，若采用人工开挖孔作业，如果设置人员升降设备，但未定期检查升降设备的功能，可能造成人员升降时机械故障，导致升降机上的人员坠落或砸伤井内施工人员。

②开挖孔内如果通风设备不足，导致人工开挖孔的作业面氧气不足，有害气体超过一定标准而发生施工人员缺氧或毒气中毒事故。

③开挖孔周围若没有安装护栏，上面的施工人员和机械因为疏忽坠入开挖孔内，造成坠落事故和砸伤事故；并且容易发生其他物品掉进开挖孔内，对孔内的施工人员造成物体打击伤害。

④若采用机械开挖时，如果没有加固和稳定重型机械，施工时重型机械容易倒塌而造成机械故障和人员伤亡。

（二）风险控制重点

①确保洞口基础稳固，避免洞口基础承载力不足。

②洞口施工机械应定期检查，及时排除安全隐患。

（三）风险控制技术措施

①地表锚杆作业时应采取措施防止卡钻，注浆人员要佩戴安全防护用具。

②抗滑桩施工采用打桩机作业时，应采取措施加固和稳定重型机械。

③采用人工挖孔作业时，应设置人员上下升降设备，通风设

备并采取防护措施，防止坠物伤人。

④定期检查升降装置的安全性能，排除安全隐患。

五、洞口开挖施工安全技术

（一）风险分析

①洞口开挖作业区如果未设置防护栏或防护栏失效，开挖作业人员工作时容易发生高空坠落事故。

②洞口开挖时如果上下工作面同时作业，上工作面的落石掉落容易对下工作面的作业人员造成物体打击事故；或者当下工作面施工进度超过上工作面时，容易造成上工作面塌落，砸伤或掩埋下工作面的工作人员。

③当使用挖掘机等机械开挖时，如果未划定安全距离或者划定的安全距离不足，可能发生机械伤人事故，或者与其他施工机械发生碰撞。

④挖掘机工作时，如果基础的坡度过大，容易发生挖掘机侧翻事故，造成机械损伤和人员伤亡事故。

（二）风险控制重点

①施工机械作业时，根据作业需求划定作业安全范围并设置警示标志。

②严禁施工机械在坡度过大或者承载力不足的基础上工作。

（三）风险控制技术措施

①洞口开挖区设置安全栏，避免发生高处坠落事故。

②严禁违反作业顺序进行作业。

③禁止施工机械在坡度过大的基础上进行作业。

④机械施工时应确保有足够的安全距离。

六、明洞施工安全技术

（一）风险分析

①明洞开挖前，如果没有做好洞顶和四周的防、排水措施，发生地表水冲刷边、仰坡导致落石甚至塌方，造成施工人员和机械被埋压和砸伤事故。

②明洞施工时，如果遇到雨天，容易发生雨水冲刷山体造成山体塌方和基础积水，给施工带来安全隐患。

③采用爆破法施工时，如果炸药用量过多造成爆破量过大，影响周围岩体的稳定性，导致隧道洞口塌方掩埋工作人员和机械，或者扰动周围岩体，在后续的施工中发生石块掉落伤人事故；岩体受到扰动后稳定性降低，受到暴雨冲刷后可能导致滑坡事故，对人员造成伤害。

④开挖后如果未及时进行边、仰坡防护，在施工过程中边坡因为受到扰动而发生塌方、滑坡，对施工人员的生命和安全造成威胁。

⑤开挖后的弃土如果堆放在边坡上，使边坡因为承受外加的下滑力而发生滑坡，导致施工人员和施工机械被埋压。

⑥开挖后的弃土因随意堆放而破坏洞口的排水系统，造成排水系统不能发挥预期目的，导致基础被淹没，造成工作台等基础发生破坏而倒塌，发生人员坠落或摔伤，大型机械基础不稳而发生侧翻事故等。

⑦明洞回填土如果在衬砌强度未达到要求时过早回填，有可能导致衬砌被压垮，造成人员被埋或坠落。

⑧支护结构的基础如果不够稳定，回填土时，支护结构容易出现裂纹甚至断裂等破坏，导致明洞倒塌，造成洞内施工人

员被埋。

⑨支护结构上预留的钢筋如果过长，容易造成施工人员作业时不小心被扎伤。

⑩明洞防水施工当需要涂抹热沥青的时候，涂抹上去的热沥青容易滴落，若施工人员没有佩戴手套和口罩，容易发生意外烫伤和有毒气体中毒事故。

⑪ 当需要在高处的施工平台上作业时，如果施工人员没有系安全带，因为脚下踩空或者其他意外情况，人员从施工平台上坠落而发生危险。

⑫ 明洞开挖时如果未按设计要求自上而下施工，从下面掏挖容易导致山体坍塌，掩埋施工人员和机械。

（二）风险控制重点

①明洞施工尽可能避开雨天，必须在雨天施工时，应制定严密的施工方案和防护措施。

②明洞开挖前，先做好洞顶和四周的防、排水工作。

③确定合理的施工方法和施工工序。

④正确处理开挖后的土石方，不乱堆放，不对边、仰坡和排水造成影响。

⑤明洞基础应设置在稳固的地基上。

⑥起重、吊装工作应符合相应的作业要求。

⑦做好明洞的防水工作，且衬砌强度达到设计强度的 70% 后方可进行回填。

（三）风险控制技术措施

①根据地形、地质条件，边、仰坡稳定程度和采用的施工方

法，确定全段或分段开挖及边、仰坡的坡度，开挖时应按自上而下的顺序进行。

②明洞开挖前，应做好洞顶及四周的防水、排水，防止地面水冲刷导致边、仰坡落石和塌方。

③开挖的土石不应堆弃在危害边坡及其他建筑物的地点。

④明洞的基础应设置在稳固的地基上。

⑤明洞衬砌施工前，模板及支（拱）架的强度，刚度和稳定性必须进行检算。

⑥模板及支架的安装必须稳固牢靠，模板及支架与脚手架之间不得相互连接。

⑦衬砌钢筋安装时应设临时支撑。

⑧衬砌端头挡板应安设牢固，支撑稳固，并有防止模板移动的措施。

⑨明洞回填应在防水层施作完成且衬砌强度达到设计强度的70%后进行。

七、洞门施工安全技术

（一）风险分析

①洞门施工前如果未加固洞门基础，洞门在施工时或施工后极有可能因为地基承载力不足而发生变形裂缝，危及施工的运输安全和工程质量。

②需要在工作平台上堆放砖石时，如果堆放不合理（如集中堆放在一处），施工平台极有可能因为集中受压而倒塌，发生伤人事故。

③洞门进行圬工施工时，如果没有划定安全通道，施工人员

进出洞口时没有安全通道通行，极有可能发生高空坠物伤人事故。

④洞门施工结束后，若没有处理周围被破坏的边、仰坡或者处理不及时，边、仰坡可能因受到破坏而发生落石伤人事故，或者因为受到破坏而导致防排水功能受到影响，破坏边、仰坡的稳定性，留下安全隐患。

（二）风险控制重点

①洞门基础地基需要达到一定的承载力要求，必要时需要对地基进行加固。

②洞门施工的脚手架不应妨碍车辆通行。

③洞门施工后及时对其周边受到破坏的边、仰坡进行处理。

（三）风险控制技术措施

①洞门应避开雨天和严寒季节施工，并应及早完成。

②洞门基础必须置于稳固的地基上，当地基承载力不能满足要求时，必须结合具体条件采取加固措施。

③洞门施工的脚手架不应妨碍车辆通行。

④洞门完工后，其周围边、仰坡受破坏处应及时处理。

八、洞口施工机械风险控制

（一）风险分析

①洞口施工时要防止施工机械侵入邻近工程的限界，如起吊装备在起吊过程中侵入邻近线路的限界，可能会影响邻近线路的运营安全，造成邻近线路的机械设备损坏，或者造成起吊装置倾覆，导致施工人员被砸伤和起吊装置损坏。

②在进行起吊作业时，如果未划定安全距离或者安全距离不够，当在作业范围内有施工人员时，起吊装置故障时极有可能对

人员造成高空坠物砸伤事故。

③起吊作业前如果未平整压实基础，吊机在起吊时因为地基不均匀沉降或地基不平整造成吊机倒塌事故，对作业人员的生命和安全造成威胁。

④当多台起吊设备同时工作时，如果没有安排专人负责指挥，多台设备之间因为缺少统一的指挥而发生碰撞，造成设备损坏、材料损失和人员伤亡事故。

（二）风险控制重点

①洞口施工机械要划定作业范围，避免侵入邻近工程限界。

②重型机械工作时必须处于稳固的基础上。

③多台机械施工时应有专人负责现场指挥。

④施工时应保证有足够的施工安全范围，严禁施工机械侵入其他限界。

（三）风险控制技术措施

①机械施工时应与附近其他工程保持足够的距离。

②机械工作时必须在稳固、平坦的基础上。

③机械施工时避免无关人员进入施工现场。

④定期检查施工机械的安全性能。

第四节　附属工程

为了使隧道正常使用，保证列车安全运营，除上述主体建筑物外，还要修筑一些附属建筑物。其中包括防排水设施，电力及通信信号的安放设施及运营通风设施等。

一、防排水设施

保持隧道干燥是使其能够正常运营的重要条件之一。但隧道内经常有一些地下水渗漏进来，且维修工作也会带来一些废水。隧道漏水易引起漏电事故和造成金属的电蚀现象，使隧道内的各种附属设施霉烂、锈蚀、变质、失效。公路隧道内路面积水将改变路面反光条件，引起眩光，使车辆打滑，影响正常行驶。在严寒地区，冬季渗入洞内的水结成冰凌，倒挂在衬砌拱顶上，侵入净空限界，危及行车安全。因此隧道的防排水是隧道设计、施工和运营中的一个重要问题。

隧道的永久性防排水，是通过防排水工程措施实现的。经过理论和实践经验的总结，提出了“防、堵、截、排，因地制宜，综合治理”的原则。

（一）“防”

它是指衬砌防水，即防止地下水从衬砌背后渗入隧道内。其办法是充分利用混凝土结构的自防水能力，并在衬砌与支护之间设置防水层。

1. 防水混凝土结构

厚度不应小于 30cm，抗渗等级不得低于 P8，裂缝宽度不得大于 0.2mm，并不得贯通；当为钢筋混凝土时，迎水面主筋保护层厚度不应小于 5cm；结构施工缝和变形缝都应有防水设施。

2. 防水层

防水层种类很多，大致可归纳为两类。一类为粘贴式防水层，如用沥青将油毡（或麻布）粘贴在衬砌的外表面（适用于明挖修建的地下工程），复合式衬砌在初期支护与二次模筑衬砌之间可粘贴软聚氯乙烯薄膜、聚异丁烯片、聚乙烯片等防水卷材。另一类为喷涂式防水层，如“881”涂膜防水胶、阳离子乳化沥青等防水剂。

（二）“堵”

向支护背后压注水泥砂浆，用以充填支护与围岩之间的空隙，以堵住地下水的通路，并使支护与围岩形成整体，改善支护受力条件。采用压浆分段堵水，使地下水集中在一处或几处后再引入隧道内排出，此法可收到良好的防水效果。

（三）“截”

它是指截断地表水和地下水流入隧道的通路。为了防止地表水渗入地层内，主要采取以下措施：

①在洞口仰坡外缘5m以外，设置天沟，并加以铺砌。当岩石外露，地面坡度较陡时可不设天沟。仰坡上可种植草皮、喷抹灰浆或加以铺砌。

②对洞顶天然沟槽加以整治，使山洪宣泄畅通。

③对洞顶地表的陷穴、深坑加以回填，对裂缝进行堵塞。处理隧道地表水时，要有全局观点，不应妨害当地农田的水利规划，做到因地制宜，一改多利，各方满意。

（四）“排”

它是指将地下水排入隧道内，再经由洞内排水沟排走。隧道内设置的排水建筑物有排水沟和盲沟两种类型。

1. 排水沟

除了长度在100m以下，且常年干燥无水的隧道以外，一般的隧道都应设置排水沟，使渗漏到洞内的和从道床涌出的地下水，沿着带有流水坡的排水沟，顺着线路方向引出洞外。排水沟的断面按排水量计算确定，但一般沟底宽不应小于40cm，沟深不应小于35cm。沟底纵坡宜与线路纵坡一致。水沟上面应设有预制的钢筋混凝土盖板，其顶面应与避车洞底面齐平。排水沟在一定长度上应设检查井，以便随时清理残渣。

排水沟有两种形式：一种是侧式水沟，这种形式的水沟设在线路的两侧或一侧，视水流量大小而定。当为一侧时，应设在来水的一侧；如为曲线隧道，则应设在曲线内侧。双侧水沟隔一定距离应设一横向联络沟，以平衡不均匀的水流量。另一种是中心式水沟，隧道采用整体式道床时，水沟设在线路中线的下方，或设在双线隧道两线路之间。

在严寒地区，为了不使流水冻结而堵死水沟，应采取防寒措施。一般可修筑浅埋保温水沟，即将水沟沟身加深，用轻质混凝土做成上、下两层，各自设钢筋混凝土盖板。两层盖板之间用保温材料填充密实，其厚度不小于70cm。但当浅埋保温水沟不足以防止冻害时，可设置中心深埋渗水沟，即利用地温本身的作用，达到保温防冻害之目的。当隧道内冻结深度较深，用明挖法会影响边墙稳定时，可采用暗挖法修筑泄水洞。

2. 盲沟

在衬砌背后，用片石或埋管设置环向或竖向盲沟，以汇集衬砌周围的地下水，并通过盲沟底部泄水孔（或预埋管）引入隧道侧沟排出。

二、铁路隧道附属建筑物

（一）避车洞

当列车通过隧道时，为了保证洞内行人、维修人员及维修设备（小车、料具）的安全，在隧道两侧边墙上交错均匀修建的人员躲避及放置车辆、料具的洞室叫避车洞。时速 200km 以上的高速铁路隧道，避车洞的设置将从空气力学上影响高速运行的列车，而高速运行的列车将产生强烈的列车风。采用较大的隧道内净空面积后，在隧道内净空轮廓范围内设置宽 1.2m 的人员待避区时，不再设置避车洞，或从维修管理模式上改变行车及行车间隔时间内不进洞维修。每天集中在“天窗”（停止行车，进行线路、电网、信号等设备检查与维修）时段进行综合检查与维修时，可不设人员待避区或避车洞。

1. 避车洞的布置

避车洞根据其断面尺寸的大小分为大避车洞及小避车洞两种。

（1）大避车洞

在碎石道床的隧道内，每侧相隔 300m 布置一个避车洞，在整体道床的隧道内，因人员行车待避较方便，且线路维修工作量较小，为此，每侧相隔 420m 布置一个大避车洞。

当隧道长度在 300 ~ 400m 时，可在隧道中间布置一个大避车洞；隧道长度在 300m 以下时，可不布置大避车洞；如果两端洞口接桥或路堑，当桥上无避车台或路堑两边侧沟外无平台时，应与隧道一并考虑布置大避车洞。

（2）小避车洞

无论在碎石道床还是整体道床的隧道内，每侧边墙上都应在大避车洞之间间隔 60m（双线隧道按 30m）布置一个小避车洞。如隧道邻近有农村市镇或曲线半径小，视距较短时，小避车洞可适当加密。

不同衬砌类型或不同加宽断面衔接处，或沉降缝、工作缝、伸缩缝处应避开设置避车洞。

（3）避车洞底部标高

当避车洞位于直线上且隧道内有人行道时，避车洞底面应与人行道顶面齐平，无人行道时，避车洞的底面应与道作顶面（或侧沟盖板顶面）齐平；隧道内采用整体道床时，应与道床面齐平。

隧道内线路采用钢筋混凝土轨枕未加超高时，内轨顶面到轨枕端头道床面（避车洞底面）的高度为 25cm。当线路为整体道床时，应根据钢轨、扣件的类型，道床结构形式、尺寸等另行确定。

为了使避车洞的位置明显，应将洞内全部及洞周边 30cm 刷成白色。在洞的两侧各 10m 处的边墙上标一白色箭头指向避车洞。

2. 避车洞的净空尺寸及衬砌类型

大避车洞的净空尺寸为 4.0m（宽）×2.5m（深）×2.8m（中心高）。小避车洞的净空尺寸为 2.0m（宽）×1.0m（深）×2.2m（中心高）。

避车洞的衬砌类型应和隧道衬砌类型相适应。

（二）电力及通信设施

1. 电缆槽

穿越铁路隧道的各种电缆，如照明，通信、信号以及电力等电缆，必须有一定的保护措施，即设置电缆槽来防止潮湿、腐烂以及人为的破坏。

电缆槽用混凝土浇筑，可与水沟同侧并与水沟并行，或设置在水沟的异侧。槽内铺以细砂做垫层，低压电缆可直接放在垫层面上，高压电缆则吊在槽边预埋的托架上。槽顶设有盖板防护。盖板顶面应与避车洞底面或道床顶面齐平。当电缆槽与水沟同侧并行时，应与水沟盖板齐平。通信、信号电缆可设在一个电缆槽内，也可以分设。但通信，信号电缆必须和电力电缆分槽设置。

电缆槽在转折处，应以不小于 1.2m 的半径曲线连接，以免电缆弯曲而折断。

隧道长度大于 500m 时，需在设有电缆槽的同侧大避车洞内设置余长电缆槽；隧道长度在 500 ~ 1000m 时，需在隧道中间设置一处；1000m 以上的隧道则每隔 500m 增设一处。

2. 信号继电器箱和无人增音站洞

隧道内如需设置信号继电器箱时，则应在电缆槽同侧设置信号继电器箱洞，其宽度为 2m，深度为 2m，中心高度为 2.2m。

根据电信传输衰耗和通信设计要求，在隧道内设置无人增音站时，其位置可根据通信要求确定，亦可与大避车洞结合使用，如不能结合时，则另行修建，其尺寸同大避车洞。

电力牵引的长隧道，如需设置存放维修接触网的绝缘梯车洞时，宜利用施工辅助坑道或避车洞修建，其间距约 500m。

三、公路隧道附属建筑物

（一）内装、顶棚、路面

1. 内装

为了确保行车安全，在公路隧道中必须采取措施使墙面亮度在长期的运营中保持在必要的水平以上，墙面须用适当的材料加以内装处理。内装可以改善隧道内的环境，首先是提高能见度，其次是吸收噪声。

提高墙面的反射率，可以增加照明效果。因此内装材料表面应当是光洁的，颜色应当是明亮的。人眼对波长 555nm 的黄绿光最为敏感，所以内装材料应当是淡黄和浅绿色。作为背景的墙面，应能衬托出障碍物的轮廓，这就需要使墙面具有良好的光线反射率。为了减少眩光，希望这种反射是漫反射。

未经内装的混凝土衬砌表面，容易吸附引擎排出的废气中的黏稠油分，可与烟雾、尘埃一起沾在表面上。在隧道内潮湿、漏水的情况下，污染过程很快，能使墙面的反光率降低。

即使经过内装的墙面，污染仍然是不可避免的，但要求墙面具有不易污染、容易清洗、耐冲刷、耐酸碱、耐腐蚀、耐高温等特点，表面应该光滑、平整、明亮。内装可以起到美观作用，使隧道漏水不露出墙面；各种管线都能隐藏在内装材料的后面，但管线的维修应该方便。内装材料应该具有吸收噪声的作用。消除隧道内的噪声是极其困难的课题之一。隧道内噪声源主要来自两方面：通风机产生的噪声和汽车行驶时引擎发出的噪声。

声波在三维空间中传播时，与光波一样可以屏蔽、聚焦和定向。在均匀截面的管道中行进的波，常常是平面波，这种波从波源出发，在无阻碍地行进很长一段距离后，仍近似地为平面波，平面波的衰减很慢。由于管径与铺贴吸声材料的吸声效果成倒数关系，在大管道中铺贴吸声材料几乎无效，所以内装材料的消声效果很不理想。

通常用于隧道的粘贴内装材料有：

①块状混凝土材料：表面粗糙，容易污染且不好清洗，但衬砌表面不需特殊处理。

②饰面板、镶板等质地致密材料：不容易污染，清洗效果好，洗净率高，板背后的渗漏水隐蔽，各种管线容易在板背后隐蔽设置，板背后的空间有利于吸收噪声。

③瓷砖镶面材料：表面光滑，最容易洗净，且效果良好；要求衬砌平整，以便镶砌整齐；隧道漏水部位可用排水管道疏导；镶面后可埋设小管线，但这种材料没有任何吸声作用。

④油漆材料：比块状混凝土材料容易清洗，但不及其他两种材料，对衬砌表面要求很高，需要压光，平整；隧道不能有漏水现象，否则浸湿的油漆损坏很快。这种材料也没有吸声作用。

随着建筑材料工业技术的发展，新材料相继出现，许多新型材料都可以使用于隧道内装。但用于内装的新材料应该具有：耐火性，在高温条件下仍能维持原状，不燃烧、不分解有害成分等；耐腐蚀性，长期在油垢及有害气体作用下不变质，在洗涤剂等化学物质作用下不被侵蚀；不怕水，大多数隧道都存在漏水问题，在水的浸泡下，在潮湿环境中不变质，不霉烂；材料来源广泛，价格相对便宜，隧道是大型构造物，用材量很大，价格高昂的材料不适于作隧道内装。

2. 顶棚

顶棚的反射率对提高照明效果有利，经过顶棚的反射光使路面产生二次反射，能增加路面亮度。顶棚用漫反射材料可以避免产生眩光。其颜色的明亮程度直接影响到路面亮度，所以应该是浅色的，但是又应有别于墙面，在色调和饱和度上可以有所不同。

顶棚是背景的一部分，特别是在有坡度处和变坡点附近对识别障碍物和察觉隧道内异常现象颇有帮助。顶棚可以美化隧道，特别是与整齐排列的灯具相互衬托，更可以起到美化的效果，并有明显的诱导作用。

根据实际需要可以把顶棚做成平顶或拱顶。在自然通风或诱导通风时，可以用拱顶。在半横向或横向通风时可以用平顶。顶棚以上部分可作为通风道和供管理人员使用的通道。

3. 路面

隧道内的路面需具有足够的强度和耐久性，有以下几点特殊要求：

路面材料应具有抵御水冲刷和含有化学物质的水侵蚀的能力，路面的坡度应能迅速排除清洗用水；因为车辆在隧道内的减速及制动次数较多，横向抗滑要求高，故路面需能保证车体横向稳定；容易修补；路面漫反射率高，颜色明亮，才能获得良好的照明效果，路面作为发现障碍物的背景，比墙面和顶棚更重要。

路面材料主要有两种，即混凝土和沥青混凝土。由于混凝土的反射率较沥青混凝土路面高，横向抗滑性好，是过去广泛使用的材料。其最大缺点是产生裂缝时不容易修补，更换时要停止交通。在高寒地区还要受到防滑链的损害，必须考虑设置磨耗层。沥青路面的反射率较低，为了改善路面亮度，需要在面层加入石英和铝的混合物。有的加入浅色石子和氧化钛做填充料。

路面与车道分隔线等交通标志之间应保证有明显的亮度对比和鲜明的颜色对比。

隧道内的路基应具有足够的承载力，尤其是在有丰富地下水的条件下也能满足要求，这就要求有良好的排水设施。衬砌背后应设置盲沟和导水管，在车道板下面铺设透水性好的路基材料，必要时设置仰拱。在确定隧道纵坡时应保证排水沟排水顺畅，保证路面有 1% ~ 1.5% 的横坡等。

（二）其他附属设施

公路隧道的其他附属设施包括通风设施、照明设施、安全设施、应急设施以及公用设施。由于这些设施的专业性强，在后面将有论述，这里仅介绍一些与结构有关的附属设施。

紧急停车带是为故障车辆离开干道进行避让，以免发生交通事故，引起混乱，影响通行能力而专供紧急停车使用的停车位置。尤其在长大隧道中，故障车必须尽快离开干道，否则会引起阻塞，甚至导致交通事故。为使车辆能在发生火灾时避难和退避还应设置方向转换场。

紧急停车带的间隔，主要根据故障车的可能滑行距离和人力可能推动距离确定。如小车较卡车滑行距离长，人力推动也较省力；下坡较上坡滑行距离长，推动也省力。紧急停车带间隔一般取 500 ~ 800m。汽车专用隧道取 500m，隧道长度大于 600m 时即应在中间设置一处。混合交通隧道取 800m，隧道长度大于 900m 时即应在中间设置一处。

紧急停车带的有效长度，应满足停放车辆进入所需的长度，一般全挂车可以进入需 20m，最低值为 15m，宽度一般为 3.0m。隧道内的缓和路段施工复杂，所以通常是将停车带两端各延长 5m 左右。

第七章　隧道复杂地质条件与探测技术

第一节　隧道复杂地质条件

根据我国现行岩土工程勘察标准，复杂地质条件的主要特点为：不良地质作用和地质灾害发育强烈；地形与地貌类型复杂；地质构造复杂，岩性、岩相存在显著变化，岩土体工程地质性质不良；岩溶裂隙水或其他水文地质条件复杂以及破坏地质环境的人类工程活动强烈。目前隧道工程建设所面临的地质环境至少满足以上一条甚至多条，尤其是对于埋深较大的隧道（如埋深 200 ~ 300m 以上）。设计前的地质勘查是不可能将隧道开挖标高上的地质情况完全查清的，因此施工时塌方、溶洞、暗河、涌水、涌泥时有发生，从而造成人身、物资、财产、工期、造价等方面的重大损失。作者根据多年从事隧道复杂地质条件的工程检测实践，将隧道复杂地质条件总结为如下十条。

一、地下岩溶

岩溶是水对碳酸盐岩、石膏、盐岩等可溶性岩石进行化学溶蚀作用和冲蚀、潜蚀、崩塌等联合作用的结果，常在岩石内形成溶隙、溶管、溶槽、溶洞或暗河，造成岩石结构的破坏和变化，产生特殊的地形、地貌景观。由于溶蚀作用是非常缓慢的过程，因而产生塌陷的岩溶是已经存在的，而不是后形成的。由于岩溶的串珠状发育特征，地下岩溶不是孤立存在的个体，因而其在稳定状态时主要表现为充填物的相对稳定。一旦充填物被带走，则在岩溶地下水系统的反复作用下会形成塌陷。基于上述地质成因，考虑岩溶的充填物一般为水、泥或杂填土。岩溶对隧道施工的影响主要有：岩溶水大量涌向隧道，容易使隧道产生涌水、突泥、变形、坍塌，造成地表沉陷，地下水位下降，影响周围环境。

二、岩溶裂隙水

裂隙水是指保存在坚硬岩石裂隙中的地下水，其对隧道围岩的危害越来越成为岩溶地区隧道建设中的热点研究问题之一。岩石裂隙空间是裂隙水储存和运动的场所，所以裂隙的类型、性质和发育程度等直接影响裂隙水的埋藏、分布与运动规律。岩层中裂隙的发育和分布极不均匀，裂隙空间分布不均且具有方向性，造成裂隙水的分布不均及水力联系各向异性。因此在不同的地段，岩层的导水性和储水能力有很大差别，甚至在同一地段同一岩层钻孔，出水量可相差几十倍甚至上百倍。

裂隙水的分布形式可呈层状、脉状或带状分布。在裂隙发育均匀、开张性和连通性好、充填物少的岩层中，裂隙水呈层状分布，具有很好的水力联系和统一的地下水面。在裂隙发育不均匀、连通性差，特别是局部有裂隙分布的地段，裂隙水呈脉状分布，形成含水裂隙体系。同一岩层中的各含水裂隙体系之间水力联系较差，往往无统一的地下水面。裂隙水的水动力性质比较复杂，在流动过程中呈明显的各向异性。岩层中，沿某个方向裂隙发育程度好、开启性好、导水性强，而沿另一些方向则裂隙发育不好或不发育，导水性强的裂隙往往成为地下水集中流动的通道。裂隙水在裂隙中的运动速度一般较小，水流多呈层流状态，地下水的流动服从达西定律。但在一些宽大裂隙中，当水力坡度较大时，可呈紊流状态。

三、断层破碎带

断层破碎带是指岩石形成节理构造破裂后，两侧岩层发生显著的相对位移，由于构造活动造成地层发生拉张性或挤压性破碎，岩体中具有一定宽度和相当延伸长度的非单一裂缝组成的破碎条带地段，使岩体丧失其连续性和完整性。同断层相伴生的破裂带内充填有由断层壁撕裂下来的岩石碎块，碎石和断层作用而成的黏土物质，有的被重新胶结起来形成断层角砾岩、碎裂岩、糜棱岩或断层泥等。另外由于应力带的不均匀分布，在断层面附近也可能产生派生裂缝。露头研究表明，断层破碎带主要由断面充填物和派生裂缝组成。然而在不同性质的地层中，断层破碎带的发育结构不同，发育规模不同，断层破碎带的宽度也不同。断层面附近的断面充填物和派生裂缝呈对称或不对称状态分布。断面充填物的边界是主要的断裂面，而破碎带边界则视研究区的具体情况而定。断层性质不同，断面充填物和派生裂缝的发育程度也不同。在如此岩体中进行隧道施工，其围岩应力、变形及其破坏模

式将会非常复杂，一旦施工方法或工序不合理，则可能发生严重塌方、冒顶、涌水，甚至引起山体滑动，以致在建成后长期整治不好而应尽量避免。

四、地下暗河

岩溶地下水是诱发隧道发生突（涌）水地质灾害的主导因素之一，岩溶水不仅是一种具有特殊性质的地下水，而且也是一种活跃的地质营力，在它的运动过程中，不断与岩石作用，改造自身的赋存环境，形成独特的分布和运动特征。如石灰岩经溶蚀后形成不同形状的溶隙，有溶蚀漏斗、溶洞等，一些巨大的地下管道和溶洞可成为地下暗河，加上岩溶发育在空间上的差异性，造成岩溶水的分布极为不均匀。同时，岩溶空间主要是在裂隙空间的基础上发展形成的，裂隙空间的方向性和其透水性能各向异性的特点在岩溶介质中得到继承和加剧，因此透水性能各向异性是岩溶介质的另一个显著特点。有时在同一水力系统的不同过水断面上，渗透系数、水力坡度、渗透流速都各不相同，层流与紊流并存。另一方面还表现为岩溶水的水位与流量过程呈现强烈的季节变化，其水位变幅可达几十米，流量变幅可达几十倍。

岩溶含水层的水量往往比较丰富。岩溶含水层的富水程度与岩溶发育程度密切相关。一般来说，岩石可溶性好、地下水径流通畅，而交替强烈的地段是岩溶发育良好的地段，也是岩溶水富集的地段。在以下一些地段往往富存有丰富的岩溶水：厚层纯石灰岩分布区；可溶性岩石的构造破碎部位；可溶性岩石与非可溶性岩石或可溶性极强与可溶性弱的岩层交界面附近；硫化矿床氧化带；地表水体附近及其他岩溶水排泄部位。

五、软弱围岩

软弱围岩是指在工程力作用下能产生显著塑性变形的工程岩体，具有强度低、结构松散和易扰动的特点，工程性能劣化严重，承受能力极低。软岩的概念在岩土工程界根据行业定义有所差异，对软岩的概念定义有很多种。国际岩石力学学会（ISRM）定义单轴抗压强度 0.5 ~ 25mPa 的岩石为软岩，如强破碎的板岩、碳质板岩、千枚岩，夹砂岩，含煤页岩，糜棱岩、富水细粉砂岩以及绢云母软质片岩等。软弱围岩是隧道施工建设中造成塌方的主要因素，在一定地应力水平（或埋深）条件下，对软岩（围岩分级较高）隧道施工极易发生塌方或较大的塑性变形。造成软弱围岩的因素多样并且十分复杂，这就为地质勘查以及之后的施工设计和处置方案提出了较高要求。

岩石是一种具有复杂内部结构的非均匀地质体材料，在较小的尺度上，岩石含有矿物颗粒、孔隙、胶结物、微裂纹等微观特征；在外载荷作用下，岩石内部微缺陷的孕育，成核和扩展以及相互作用决定了岩石的宏观变形、破裂特性。在工程应用中，可以将岩石简化成均匀材料。但当考察岩石的破坏过程和发生机理时，如果忽略岩石介质的微观非均匀性影响，就无法从根本上理解岩石的变形机制。实际上，高地应力区深埋隧道软弱围岩大变形的孕育和发展是典型的破坏局部化与演化的问题。以细粉砂岩为例，当围岩的含水率达到 16% 时状态就由固态转变为塑态，当含水率超过 32% 之后进一步转变为流态，而外界的施工扰动会加速其液化过程，进而造成施工困难，设备不易移动，仰拱开裂和结构的变形、沉降。

六、滑坡体

当隧道穿越不稳定滑坡体时，由于多重因素的共同作用会引起斜坡的变形，坡体变形会对隧道衬砌结构产生较大的影响，因此在进行隧道线路选择时，勘察设计者要尽量选定最合理的线路方案，且尽量不穿越滑移等易发生灾害的区域，但是受地质、地形或其他条件的影响，线路很难进行调整，所以隧道进出口不可避免地会在滑坡体影响范围内。隧道与滑坡体之间的相互作用，特别是在高山丘陵地区，当隧道穿越有潜在滑坡体的山体时，在隧道进口段进行隧道开挖时，会扰动围岩稳定，产生应力重分布，对潜在滑坡体产生扰动；同时山体滑坡的滑坡推力也会导致衬砌结构的受力增加，引起衬砌结构的变形开裂。当隧道穿越较为复杂的地质、地形条件的山体时，易发生进口失稳现象，导致隧道衬砌结构受到额外的外力作用，特别是边坡失稳，易造成边坡滑移，滑坡推力作用于隧道衬砌，导致衬砌结构受力过大而发生开裂。

七、地应力及围岩大变形

地应力是隧道围岩压力产生的根本来源，高地应力是危及地下工程安全的主要因素之一，近年来国内外许多重要工程都不同程度地遇到了高地应力问题。重力作用和区域构造运动是引起地应力的主要原因，其中，尤以水平方向的构造运动对地应力的形成及其特点影响最大。构造应力场的形成原因复杂，它在空间的分布极不均匀，在我国地应力场分布规律统计分析中发现，小范围区域的地应力场分布规律对于指导地应力实测和工程建设更有意义。

围岩是地下工程实现和支护结构依存的特殊介质，其基本物理力学特性反映了岩石的工作能力和性质，尤其是在深埋高地应力复杂地质条件下，围岩的物理力学特性就显得更加重要。一般意义上的围岩大变形是指在隧道工程较软弱岩性的条件下，围岩在施工过程中发生较大的变形而引发一系列严重的工程问题。

因此地应力作为地质环境与地壳稳定性评价，地质工程设计和施工的重要基础资料之一，其不仅是决定区域稳定性的重要因素，而且是各种地下或地面开挖岩土工程变形和破坏的根本作用力，是确定工程岩体力学属性，进行岩体稳定性分析、实现岩土工程开挖设计和决策科学化的前提。

八、瓦斯

在隧道工程向纵深发展的过程中，经常遇到需要穿越复杂地层的情况，如夹软弱岩层的煤系地层或赋存高压力的瓦斯煤层。此时地层中存在的瓦斯气体会向隧道开挖空间涌出，一般将该类隧道定义为瓦斯隧道。公路瓦斯隧道一般出现在我国西部山岭重丘区，这些地区具备形成瓦斯的地质条件，一旦对其地层进行隧道开挖揭露，其中赋存的瓦斯可能会以不同的形式释放到隧道开挖空间。地层中瓦斯的释放过程以及其后在施工空间的存在过程均可能有瓦斯灾害的发生，因此公路瓦斯隧道施工时有相比于常规隧道更为突出的安全问题，需要采取隧道瓦斯等级和瓦斯工区预评价、瓦斯地质超前预报、瓦斯监测预测、通风，机电设备防爆、塌方空间瓦斯处治，揭煤防突等多种特异性防范措施，由此增加了施工过程的复杂性。

在隧道煤层中，瓦斯的储存状态普遍分为两种：游离态以及吸附态。通常所说的瓦斯含量是指游离态及吸附态瓦斯含量的总

和。煤层中的煤化作用会生成大量的瓦斯，然而在煤层中瓦斯的实际存储量却非常小，主要是因为瓦斯生成后通过土层渗透出去的瓦斯含量占有一定的比例。故煤层中瓦斯含量不仅受煤化作用的影响，而且与其周围的地质条件相关。由于瓦斯隧道施工时除了一般隧道的危险性，还存在瓦斯事故这种特殊的危险性，故在其施工过程中常有安全事故的发生，其主要表现为瓦斯突出、瓦斯爆炸、瓦斯燃烧、瓦斯窒息和瓦斯中毒五种类型。

九、高地温

随着地下工程的发展，对于埋置较深和地质环境较为复杂的隧道工程，高地温问题已经成为一个重要的工程问题并引起了国内外学者的广泛关注。根据以往经验，当地温大于 30℃时，可判定为高地温；而在实际工程中，在区域活动断层带、地温异常区、高地应力或深埋（大于 1500m）的隧道内，都可能遇到大于 35℃的高温情况，这种环境对施工场地的通风和降温都将增加很大困难。

高地温对于隧道的施工和运营都有很大影响，无论是作业环境、材料、结构安全，还是隧道设备、运营管理等，无不受到高地温的困扰，不利影响主要有以下几个方面：

①在对施工环境影响方面。当工人在高地温环境施工时，效率往往降低，加上西部地区高原缺氧，甚至施工人员生命安全将受到严重威胁。

②在对施工材料影响方面。选取材料时，需要考虑到高温环境中的可靠性，如材料需是耐高温的，无论是爆破用的炸药，还是防排水用的止水带、防水板等，都需要专用材料。

③在对结构影响方面。高温易发生温度应力，导致混凝土结

构衬砌发生开裂，从长期来看，结构开裂往往导致受力不利，耐久性降低。

④在对机械设备影响方面。隧道不但存在高温现象，高湿现象同样比较严重，机械设备受到严重影响，转化效率发生降低，故障也逐渐增多，工程进度受到拖累。

⑤在运营养护方面。隧道建成必然要进行养护，如果温度过高，装修材料使用年限将大打折扣，对管养人员作业环境影响也较大，风机频繁启动，运营费用远超一般隧道。

因此，研究隧道的温度场分布问题对于解决寒区隧道冻融问题，高温隧道问题，隧道火灾灾害等是十分必要的。

十、放射性

在我国某些省份，花岗岩分布广泛，客观上存在较高天然放射性的可能。在高速公路隧道开挖过程中，不可避免地开挖作业可能会对施工作业人员产生附加γ外照射和（或）吸入氡气产生内照射。隧道外排水可能存在放射性指标高，若没有采取相应措施而排入环境中则可能对周边水环境带来影响；对隧道施工放射性指标异常的废弃土石不合理的处理、处置也可能对环境造成不良影响。因此对隧道工程进行放射性监测，以便及时发现异常和采取有效防护措施，并确保环境和公众的安全是十分必要的。

第二节　隧道地质病害

一、塌方

（一）隧道施工围岩塌方

塌方，原指建筑物、山体、路面、矿井在自然力非人为的情况下，出现塌陷下坠的自然现象。

隧道施工围岩塌方，指由于隧道开挖，因未及时施工初期支护或初期支护强度不足，围岩在自重应力、构造应力、节理裂隙发育分布和地下水等因素作用下，产生的隧道周边位移和拱顶下沉达到一定限值后，围岩丧失稳定性形成的坠落现象。

灾害，指能够给人类和人类赖以生存的环境造成破坏性影响的事物总称。隧道施工塌方灾害，指由于隧道开挖，因未及时施工初期支护或初期支护强度不足，隧道围岩在自重应力、构造应力、节理裂隙发育分布、地下水等因素作用下产生变形达到一定限值（硬质、脆性围岩的变形限值远小于塑性围岩）后，失去其自身稳定性发生的、对隧道洞内施工机具设备安全和施工人员人身安全构成威胁，可能造成洞内施工机具设备损坏和施工人员伤亡的隧道施工塌方。

（二）隧道施工围岩塌方形成的原因

显然，隧道施工围岩塌方形成的原因包括：

①隧道开挖。

②初期支护未及时施工或初期支护强度不足。

③围岩在自重应力、构造应力、节理裂隙发育分布、地下水

等因素作用下产生的变形过大。

④围岩稳定性丧失。

⑤关键块体坍落。

⑥位于隧道边墙和拱部倾斜岩层的张拗折坍落。

（三）隧道施工围岩塌方灾害危害

隧道施工塌方灾害危害包括：

①坠砸施工机具。

②威胁施工人员安全。

③导致隧道上方地面塌陷。

④导致隧道上方地表生态环境问题。

二、突涌水

（一）隧道施工突涌水灾害

涌水，指在地下水面以下岩（土）体中采矿、开挖基坑或地下硐室时，地下水不断地流入场地的现象。

围岩空隙中的地下水（孔隙水水源、裂隙水水源、岩溶水水源）、地表水水源，在压力作用下涌出，称为涌水。量大、势猛，突发的涌水，称为突水。

严格地说，涌水是指隧道施工开挖揭穿水体（岩溶充填水，包括溶洞水、地下暗河水、岩溶管道水、溶缝水）、含水体（地下水储存运移通道，包括节理密集发育破碎岩体含水体、断层破碎带含水体和地下向斜构造含水体），水体及含水体中水向隧道的宣泄；而突水是指由于隧道的开挖，隧道开挖工作面（掌子面、开挖轮廓面）与掌子面前方、开挖轮廓线外存在的水体、含水体间岩土盘厚度过薄，不足以抵抗水体、含水体应力作用，或由于

地下水位的上升，水体、含水体作用于隔水岩土盘应力增大导致隧道开挖面与掌子面前方、开挖轮廓线外存在的水体、含水体间岩土盘破坏，水体、含水体中水向隧道的突出。

涌突水的直接危害，表现为对施工隧道、导坑、洞内施工机具设备的淹没，冲毁洞内施工机具、设备、设施、材料，对洞内施工人员造成生命直接威胁，严重者甚至冲毁洞口外工程、堆放材料及临时设施；涌突水的间接危害，是造成隧道上方地表水源的流失乃至枯竭和地面塌陷。

（二）隧道施工突涌水灾害产生原因

隧道施工突涌水灾害产生原因：

①隧道施工开挖揭穿涌水、突水致灾构造。

②突水致灾构造中地下水突破其与隧道开挖工作面（掌子面、轮廓面）间隔水岩土盘。

（三）隧道施工突涌水灾害危害

隧道施工突涌水灾害危害，包括：

①淹没已开挖隧道（包括导坑）。

②威胁洞内施工人员安全。

③淹没甚至冲毁洞内施工机具设备。

④冲毁洞口外临时甚至永久工程。

⑤导致隧道上方地下水位下降甚至地表水流失。

⑥导致隧道上方生态环境问题甚至生态环境灾害。

三、突涌泥

（一）隧道施工突涌泥灾害

涌泥，指由于隧道施工开挖，揭穿充填含水黏土岩溶（洞穴、管道、溶缝），含水黏土向隧道的涌流。

突泥，是道开挖接近或揭露充填黏土岩溶、泥水混合充填岩溶等，在岩溶中充填黏土或黏土及上部充填水自重应力作用下，隧道施工开挖工作面（掌子面、开挖轮廓面）与充填黏土岩溶、泥水混合充填岩溶间岩盘，或隧道施工开挖揭露口处充填黏土自体隔泥土盘，或充填黏土与揭露口周边岩体构成的复合隔泥岩土盘被突破，岩溶中充填黏土向已开挖隧道的突出。

隧道施工涌泥，由于量小流速慢，一般对施工影响较小，但当涌泥成为灾害时，会淹埋施工隧道及其中的施工机具设备，对洞内施工人员人身安全构成威胁；突泥具有突发性和量大的特点，突泥灾害的发生，必然淹埋施工隧道及其中的施工机具设备，甚至掩埋来不及撤离的洞内施工人员。

此外，隧道施工洞内突涌泥灾害的发生，还可能诱发隧道上方地表塌陷问题甚至灾害的发生。

（二）隧道施工突涌泥灾害产生原因

隧道施工突涌泥灾害产生原因：

①隧道施工开挖揭穿涌泥、突泥致灾构造。

②突泥致灾构造中黏土或黏土及其上部充填水自重应力作用下，突破其与隧道开挖工作面（掌子面、轮廓面）间隔泥岩土盘。

（三）隧道施工突涌泥灾害危害

隧道施工突涌泥灾害危害，主要表现为：

①淤塞隧道、导坑。

②掩埋洞内施工机具设备设施和施工人员。

③导致隧道上方地面塌陷。

四、泥石流

（一）隧道施工洞内泥石流灾害

1. 泥石流

泥石流，是山区坡表面及沟谷中堆积的松散土石因水力启动集中输移的自然现象，指分布于山区坡表面或沟谷中堆积的松散土石，在降雨、冰雪融化或其他自然灾害引发下，含水松散土石沿山坡基覆界面或沟谷向下游方向运移的一种动力地质现象。当松散土石中含水体积大于土石体积时，成为一种携带大量泥、沙及石块的特殊洪流。

泥石流启动具有较高的突然性，更因其具有的流速快、流量大且流体中固体物质含量高的特点，具有极强的破坏力。发生泥石流常常会冲毁公路铁路等交通设施甚至村镇等，造成巨大损失。

2. 隧道施工洞内泥石流

隧道施工洞内泥石流，指由于隧道施工开挖揭穿含水、饱水黏土夹块石充填岩溶，下部含水、饱水黏土夹块石上部地下水充填岩溶和富水压性断层上盘强烈破碎带，岩溶中充填的含水、饱水黏土夹块石，下部含水、饱水黏土夹块石上部地下水充填岩溶中的下部充填含水、饱水黏土夹块石与上部充填地下水，富水压性断层上盘强烈破碎带中破碎岩石块体及其间空隙充填黏土和地下水，向已开挖隧道或导坑的涌出或坍塌，形成的在已开挖隧道或导坑中具有流动性的水、黏土和破碎岩石块体混合体。

与地面泥石流灾害发生的降雨、冰雪融化或其他自然灾害诱发不同，隧道施工洞内泥石流是隧道施工揭穿开挖揭穿含水、饱水或过饱水黏土夹块石充填岩溶，压性断层上盘强烈破碎带含水、饱水或过饱水黏土夹块石，岩溶中充填的含水、饱水或过饱水黏土夹块石、压性断层上盘强烈挤压破碎带破碎岩石块体及其间空隙充填黏土和地下水在自重应力作用下产生的涌出或坍塌，形成的涌出物和坍塌物的流动。

（二）隧道施工洞内泥石流产生原因

隧道施工洞内泥石流产生原因：

①隧道施工开挖揭穿隧道施工洞内泥石流致灾构造。

②隧道施工洞内泥石流致灾构造中含水、饱水、富水黏土夹破碎岩石块体突破其与隧道开挖工作面（掌子面、轮廓面）间岩土盘。

（三）隧道施工洞内泥石流的危害

隧道施工洞内泥石流的危害表现为：

①淤塞隧道、导坑。

②掩埋隧道洞内施工机具、设备、设施和施工人员。

③间接导致隧道上方地面塌陷。

五、岩爆

（一）隧道施工岩爆及其发生条件

1. 隧道施工岩爆

隧道施工岩爆，指由于隧道的施工开挖，原本的岩体结构应力平衡状态遭到破坏，当岩体中聚积的高弹性应变能远大于岩体破坏所需要的能量时，在应力重分布的过程中岩体中聚积的弹性变形势能猛烈释放导致位于隧道开挖轮廓面附近岩体爆裂，岩石碎片从岩体中剥离、崩出的动力破坏现象。

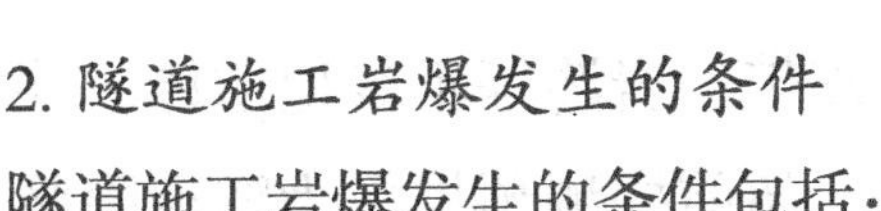

2. 隧道施工岩爆发生的条件

隧道施工岩爆发生的条件包括：

①近代构造活动造成深部矿岩内地应力较高，岩体内储存着较大的应变能。

②岩体坚硬、新鲜完整、裂隙极少或仅有隐裂隙，具有较高的脆性和弹性，能够储存能量，而其变形特性属于脆性破坏类型。

③岩体干燥无水。

④隧道施工开挖。

（二）隧道施工岩爆特点

隧道施工岩爆特点包括：

1. 突发性

在未发生前，并无明显的征兆，甚至可能听不到空响声，一般认为不会掉落石块的地方，也会突然发生岩石爆裂声响，石块有时应声而下，有时暂不坠下。

2. 部位集中性

虽然岩爆发生地点也有距新开挖工作面较远的个别案例，但大部分均发生在新开挖的工作面附近。常见的岩爆部位以拱部或拱腰部位为多。

第三节　复杂地质条件的探测新技术

隧道开挖是我国基础建设的重要组成部分，由于隧道施工隐蔽性与隧道环境的复杂性，大大增加了隧道施工的难度。在隧道

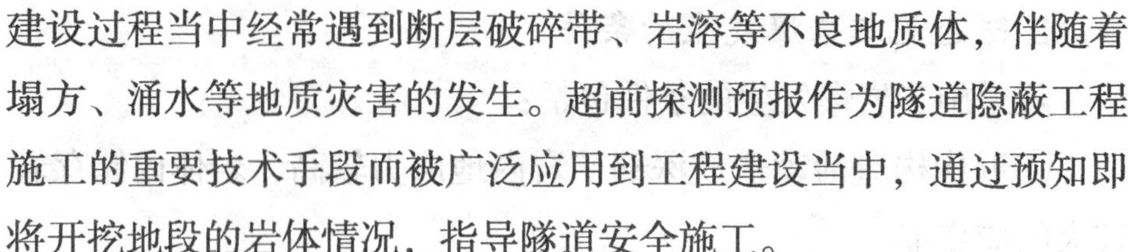

建设过程当中经常遇到断层破碎带、岩溶等不良地质体，伴随着塌方、涌水等地质灾害的发生。超前探测预报作为隧道隐蔽工程施工的重要技术手段而被广泛应用到工程建设当中，通过预知即将开挖地段的岩体情况，指导隧道安全施工。

一、超前探测预报技术

（一）TSP 超前探测预报方法及其解译技术

TSP 隧道地震波预报方法能远距离探测预报隧道掘进面前方区域的地质变化，在我国复杂地质条件下的隧道建设过程中发挥了很重要的作用，为隧道建设提供了准确有效的地质资料与信息，取得了显著的经济效益。

1.TSP 法的探测原理

TSP 超前预报系统主要由记录系统、爆破系统和接收系统所组成。该系统在隧道洞内掘进面后方的墙壁上指定范围内，由人工布设规则且等间距排列的爆破点，随着爆破会产生轻微震源。波的传播是以球面扩散的形式，一部分地震波在前方不均匀地质层界面处产生反射现象，一部分地震波则继续向前传播，伴随着球面范围的扩大与传播距离的增长，直至能量太小而不能继续被接收为止。被反射回来的波的反射信号被接收传感器记录，由于直达波的传播路径时间较反射波传播的路径时间短，则可根据地震波的直达波信号到达传感器的时间计算出地震波的传播波速：

$$V_p = \frac{S_1}{T_1} \tag{7-1}$$

式中，S_1——爆破孔与传感器之间的距离（m）；

T_1——直达波信号的传播时间（s）。

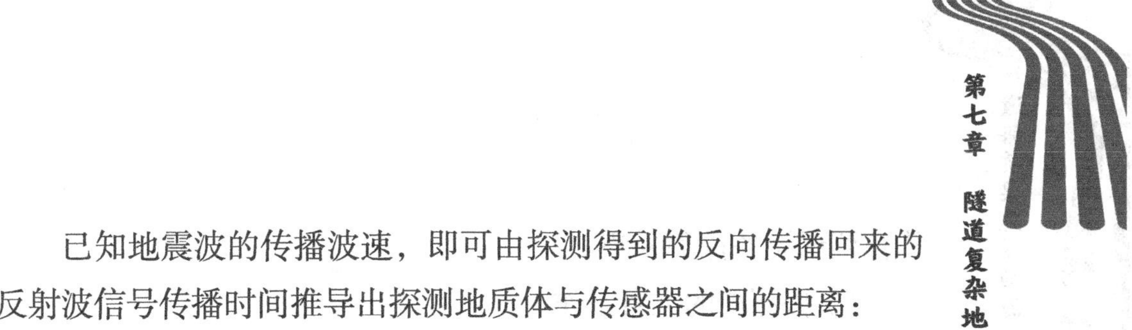

已知地震波的传播波速，即可由探测得到的反向传播回来的反射波信号传播时间推导出探测地质体与传感器之间的距离：

$$T_2 = \frac{2S_2 + S_1}{V_P} = \frac{S_2 + S_3}{V_p} \quad (7\text{–}2)$$

式中，T_2——反射波信号的传播时间（s）；

S_2——爆破孔到反射界面之间的距离（m）；

S_3——传感器到反射界面之间的距离（m）。

同时，反射波信号的振幅相较于直达波信号的振幅小，在一般情况下，反射系数 R 的定义公式为：

$$R = \frac{Z_2 - Z_1}{Z_2 + Z_1} \quad (7\text{–}3)$$

$$Z_1 = \rho_1 v_1$$

$$Z_2 = \rho_2 v_2$$

式中，Z_1、Z_2——反射界面前后的波阻抗；

ρ_1、ρ_2——反射界面两侧的岩石密度；

v_1、v_2——反射界面两侧的传播波速。

根据 Z_1 与 Z_2 的相对值可判断出岩体的致密程度。当 $R>0$ 时，探测后侧岩体较前侧岩体致密；当 $R<0$ 时，探测后侧岩体较前侧岩体松散。

另外山于横波不能在液体中传播，而纵波不受限制，所以横波比纵波反射回来的早且能量大。

通过回波信号相应的速度、延迟时间等特性来分析隧道掘进前方和周围地区的地质信息情况，以达到超前探测预报的目的。

2.TSP 法的探测与采集

TSP 现场数据探测与采集主要包括：探测前的准备工作；钻

孔；调试设备探测采集。

1）探测前的准备工作

对现场地质情况进行充分的调查，在此基础上制定 TSP 超前探测方案。清除探测现场的干扰物体，确定好信号激发孔与接收孔的位置，准备好大约 30 个瞬发电雷管、高速度爆破炸药以及长约 60m 的引爆导线。

2）调试设备探测采集

根据说明书将现场仪器连接起来，附近机械暂停施工，以免噪声过大，然后开始依次引爆炮孔炸药，并采集探测数据。

3.TSP 的数据解译处理技术

数据解译处理工作是 TSP 探测预报结果的重要一步，在现场检测获取的信息数据要利用 TSPwin 分析处理软件，对地震波信息进行分析与处理，从而判别出掌子面前方存在的不良地质问题。

TSPwin 软件是 TSP 技术系统的专门处理软件。它的处理过程是固定的，只能按照给定的 11 个顺序模块执行处理程序，基本步骤如下：

1）原始数据调整

首先，设置数据长度，初看地震数据后，要对记录数据长度作适当的压缩，以节约数据内存空间。然后，归零初始化，初始计算时，选择的所有轨迹起始时间均设为零。最后，进行平均振幅谱设置，地震记录的主要频率范围由平均振幅谱来表示，系统会自动算出频率范围。

2）带通滤波

带通滤波的目的是把有用的信号从不需要的噪声信号中分隔出来。其办法是保留“真正”的信号波记录，根据干扰波与有效

波在频谱上的不同差异进行滤波。由于数据信号中有高频纵波与低频横波，所以选择的频率宽带应该足够宽，防止信号产生损失。此外，低通频率与低截频率间隔不要太大，以免影响低频信号的抑制。带通滤波设置，会对数据处理和最终结果产生很大的影响，所以，要选择合理的参数，避免波形产生畸变。

3）初至拾取

直达波的传播时间对处理软件非常重要，初至拾取确定直达 P 波在路径中从发生源到达接收器的时间。以此为基础，分析初波，确定直达波的波速，为后续平衡爆破装药量提供依据。

4）初至处理

通过纵横波速比的估算去确定 S 波的传播时间，并对直达的 S 波信号进行分析和拾取。

5）炮点能量平衡

爆炸所释放出的地震波能量与炸药的类型、炸药的使用量、装药的构型、爆破速度以及爆炸效果等因素有关。在爆炸过程中，各个爆点可能会产生不同的能量，为了平衡每炮释放的能量变化，使其能量均被控制在合理且有效的范围之间。

6）Q 因子估计

P 波与 S 波在传播过程中会存在几何意义上的损耗、散性衰减以及内部能量的损耗。其地震波的传播能力用质量因子 Q 来衡量，它可由下式计算：

$$Q=\frac{\pi f}{av} \tag{7-4}$$

式中，f——频率；

a——衰威系数；

v——传播速度。

7）提取反射波

在隧道 TSP 探测中，检波器会收到各种波，但是实际上，我们只需要利用掌子面前方传来的反射波，而其他方向的波或者其他形式的波都需要被消除掉，所以利用线性 randon 转换的方法来提取反射波，把时间—空间域的坐标转变为时间—斜率域，在清零后就会产生一个逆向的转变，即时间—斜率域转变为时间—空间域 32。这样使其他波在新的坐标位置处成为点，而反射波成为曲线。

8）P 波与 S 波分离

将坐标系统旋转，把 S 波与 P 波分开，最后得到 P 波、SH 波、SV 波的时间记录的函数。

9）速度分析

首先，建立速度模型，其作用是能够近似地模拟从震源到接收器，从接收器到各个潜存的反射面处的声波的传播过程。其次，需要根据创建的速度模型计算从每个爆炸点和接收器到每个节点之间的传递时间。再次，再将记录的以时间为基准的地震波数据从时间域迁移到空间域的物理模型中。最后，通过不断反复的偏移测试，形成一个新的速度模型。

10）极度偏移

通过偏移成像处理建立介质结构面模型，从而算出目的体的位置。

11）反射体提取

对于隧道开挖工程来说，仅有那些比较显著的反射界面具有提取价值。根据最后的图像处理，选择提取出有价值的波速分布图及其深度偏移图，岩石参数变化情况图等反射层面。通过解译，

对前方地质情况作出预报。

（二）地质雷达超前探测预报方法及其解译技术

地质雷达是近年来逐渐应用于工程检测的高分辨率、高效率的无损检测新技术，是目前工程勘察和检测中使用较多的方法之一，其分辨率可高达厘米级。

1. 地质雷达法的探测原理

地质雷达通常由计算机系统、控制单元、发射天线和接收天线所组成。雷达通过天线发射高频电磁波，从隧道掌子面发射到隧道前方的地层当中，然后经过地层界面的反射后返回到掌子面处，并通过接收天线将信号送入放大器，经接收机放大后，放大信号经过处理被记录，将接收到的电磁波经过解译处理，最终推断出地下不明异常体。

雷达主机记录出电磁波的双程旅行时间ΔT，并且电磁波在固定介质中传播的速度是一定的，因此能够得到不良地质体的深度表达式为：

$$h = v\Delta T / 2 \tag{7-5}$$

其中，v为电磁波在地下传播速度，由式 7–6 表示为：

$$v = c / \sqrt{\varepsilon} \tag{7-6}$$

式中，c——空气中的电磁波波速约 3×10^8m/s；

ε——地层中各物质的介电常数。

在地质雷达探测过程中，在变化明显的不同界面处，因不同的介电常数会产生反射以及透射现象，产生的反射或者透射能量大小主要取决于反射系数：

$$R = \frac{\sqrt{\varepsilon_1} - \sqrt{\varepsilon_2}}{\sqrt{\varepsilon_1} + \sqrt{\varepsilon_2}} \tag{7-7}$$

式中，ε_1 与 ε_2 为反射界面两侧的介电常数。

雷达探测预报过程中反射信号的强弱与介质两侧反射面的电性差值有关系，电性差值越大，则反射信号越强，界面也就越清晰。

2. 地质雷达法的探测与采集

地质雷达现场数据探测与采集主要包括：探测前的准备工作；参数设置；测线布设；雷达探测。

1）探测前的准备工作

首先对检测场地进行现场调查，在雷达易受现场干扰位置处作标记，根据现场的地质情况选取合适的天线类型，安装电池，通过电缆把主机和天线连接起来，检查连接情况，启动系统。

2）主要参数设置

创建数据的存储路径。设置采样率、叠加次数、采样点数与间距等参数。在正式探测前，进入到初始图像采集界面，图中呈现伪彩色图或者波形堆积图滚动状态，若雷达剖面能够很好地反映出所探测物体的性质，表明仪器型号选择合理，设置参数准确。

3）测线布设

雷达测线布设一般情况下在掌子面水平方向和竖直方向各布置几条测线，并可结合点测的方式。

4）雷达探测

使用雷达仪器进行探测，雷达天线在掌子面位置处密贴并匀速在设计的测线上移动，探测过程中雷达主机则记录出反射波的相位、振幅频率等变化情况。

3. 地质雷达的数据解译处理技术

数据信息处理是反射波形图解译的基础。现场地质雷达所采集到的信号除了包含有效的信号，还有背景噪声以及多次反射波

干扰等，数据处理的目的是抑制或者消除这些干扰，使雷达图像以更高的分辨率显示，为后面的地质解译工作提供准确的资料。数据处理包括如下几个步骤：

1）数据文件编辑

录入了原始的文件之后，首先要对数据进行编辑，数据编辑采取两种手段，即废道删除和零点对齐。

（1）废道删除。

一般情况下，隧道掌子面都是不平整的，难免会在探测的过程中天线脱离掌子面，此时在该处雷达信号中出现多次的反射情况，此种干扰通过任何后期技术方法都无法消除，所以需要将该段范围内的道删除。

（2）零点对齐。

地质雷达探测剖面波形图中会出现直达波和掌子面的反射波。要精确检测到目的体纵坐标值，就要把掌子面处雷达反射波的位置移动到零点位置或者把目的体的纵向位置减去掌子面雷达反射波的纵向位置。

2）波速标定

雷达波的波速对探测掌子面目的体的位置具有重要的作用，在隧道雷达探测预报工作中，常用的确定波速的手段有金属板反射法和介电常数法。

（1）金属板反射法。

金属板反射法是依据电磁波的反射原理，在掌子面处放置一块大铁板，认为这块金属板可以被视为无限大且不存在绕射现象，将该铁板视作刚性接触界面，其反射系数值设成 1，操作仪器，通过分析对比所探测到铁板的反射信号波幅值 A_m 和前方介质表

面的反射波的振幅 A，求得波速：

$$v = c\frac{1-\dfrac{A}{A_m}}{1+\dfrac{A}{A_m}} \tag{7-8}$$

（2）介电常数法

波速的大小主要取决于介电常数的大小，可由式 7–6 求出波速，一般常见的介电常数可通过实验室测定。但由于隧道围岩地质情况复杂，介电常数变化存在差异，所以该方法存在一定的误差。

3）数字滤波

为了使雷达接收天线尽可能获得到更多的信号，通常采用全通的记录方法，这就会使大量的有效信号与干扰信号同时被记录，为了把有效信号当中的干扰信号去除或者压制，所以采用数字滤波的手段来保留有效波。常见的滤波器的类型有高通、带陷、低通、带通滤波器等。

4）反褶积

反褶积事实上是一种特殊的滤波过程，通过将雷达数据中的雷达子波进行紧缩的方法以达到增强剖面图的时间分辨率。一个没有噪声的卷积模型为：

$$x(t) = \omega(t)\xi(t) \tag{7-9}$$

式中，$\omega(t)$——雷达子波；

$\xi(t)$——反射系数。

若反卷积子波 $a(t)$ 与雷达记录 $x(t)$ 对地层脉冲产生反应 $\xi(t)$，则：

$$\xi(t)=a(t)x(t) \quad (7\text{-}10)$$

将式 7-10 带入到式 7-9 当中，得到：

$$x(t)=\omega(t)a(t)x(t) \quad (7\text{-}11)$$

把 $x(t)$ 从两边消除，得到；

$$\omega(t)a(t)=1 \quad (7\text{-}12)$$

已知 $\omega(t)$，由式 7-12，可算出 $a(t)$，再根据式 7-10，将反子波与雷达记录褶积，得出反射系数序列 $\xi(t)$：

$$\xi(t)=\sum(\mathrm{t}-\tau)xa(\tau) \quad (7\text{-}13)$$

5）偏移归位处理

偏移归位处理又叫作再定位处理，对于雷达资料解释是一种非常重要的处理方式。它是把雷达系统中的数据元素归位到相对应的位置，以满足横向分辨率的要求。

二、超前探测解译精度的误差及提高措施

隧道在实际施工开挖的过程中遇到的岩土体介质不均匀且物性千变万化，这对 TSP 超前预报系统发射的地震波与地质雷达超前预报系统发射的电磁波在岩土介质中传播的过程中受到的干扰变化非常多，接收到的信号当中不仅包含了有效信号，还有各种干扰因素产生的无用信号与干扰信号。有时，干扰信号甚至会覆盖有效信号，对后期的波形图像信息解译产生强烈的影响。

综合比对大量的相关理论及经验，这里重点研究分析了影响 TSP 预报系统与地质雷达预报系统超前探测解译的主要因素，总结超前探测过程中遇到的各种干扰因素，提出了提高 TSP 预报系统与地质雷达预报系统图像解译精度的措施，从多层次出发，归纳总结复杂地质条件下 TSP 与地质雷达图像的解译特征，为后续

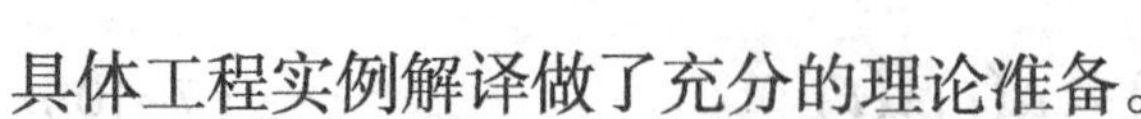
具体工程实例解译做了充分的理论准备。

（一）提高 TSP 解译精度的措施

1. 原始数据的准确采集

在现场数据进行采集时要认真地分析现场干扰源在地震波图像上的表象，对于现场探测预报工作过程中所发生的各种干扰情况提出应对措施。

1）降低或者排除现场干扰

对于脉冲产生的干扰：提前掌握隧道掌子面开挖的施工工序，合理安排爆破测量的最佳时间，爆破时停止隧洞内施工活动。同时，还要避开隧洞附近的巨大扰动施工活动时间段，防止脉冲干扰对采集到的数据造成不必要的干扰。

对于声波产生的干扰：通常由爆破孔爆破所产生。较完整岩体的爆破孔，可以采用注水封堵的办法；而较破碎岩体的爆破孔，可以采用注浆封堵，防止水顺破碎围岩裂隙中流失。在相同的条件下，有水爆破和无水爆破相对比，有水爆破的地震波传播距离与频率分别是无水爆破的 1.5 ~ 2 倍与 1.5 ~ 3 倍，并且向孔内注锚固剂来让炸药与岩壁足够耦合。

2）采集装置规范布设

药量规范：激发炸药的使用量要视现场岩体的坚硬程度适度使用。通常，岩体较坚硬时，取用 40 ~ 70g 的量；围岩较破碎时，取用 80 ~ 200g 的量；距离掌子面稍近时，炸药使用量可适量增大一些；距离传感器稍近时，炸药使用量可适量减少一些。隧道环境本身噪声就很大，则可适当增加炸药的使用量。

起爆规范：选择质量合格的雷管，雷管最好是选择同一批次、同一厂家所生产，以降低因雷管延时产生的不必要的精度误差。

炮孔规范：布设炮孔时，技术人员要提前将炮孔的具体位置在洞壁上做出标记，且角度、深度都应满足规范要求。爆破孔应该布设在结构面的走向与隧道轴线夹角为锐角的侧壁上，方便接收到较多的反射地震波。针对隧道内左右洞共同施工的情况，布设炮孔的位置应设置于山体的外侧，尽量不要将炮孔布设在左右隧洞的中间位置,避免相邻隧洞对探测数据产生较大的精度误差。

检波器规范：检波器的安装需要在成孔质量很高的位置处，且角度与深度要满足规范要求。套管的安装要根据孔深与孔径向孔内注射适当的耦合剂使套管与岩壁之间能足够的耦合。

3）结合实际地质情况

掌握不良地质体的发育规律，充分掌握现场的地质情况，参考现场地质资料，结合探测数据进行解译，在条件允许的情况下，可以采用综合预报手段进行补测与对比验证。

2. 加强对现场隧道的整体了解

在进行超前探测预报之前，应该事先进行地表地质调查，了解不良地质体在地表的出露情况，结合已开挖洞段来预报未开挖洞段。

（二）提高地质雷达解译精度的措施

1. 原始数据的准确收集

地质雷达超前探测干扰源是多种多样的，压制干扰信号提取有效信号是为了后期数据处理提供更准确的信息，针对采集工作过程中出现的各种干扰提出以下应对措施：

①对于掌子面不平整的情况，探测前与施工单位联系将掌子面清理，使掌子面保持平整，并且采用加大采样点数，提高叠加次数的方法，从而降低解译误差。

②对于噪声干扰，在地质雷达探测前超前地质预报工作者要对隧道内大型施工设施、施工台车、无线电施工用电设备等物体的位置信息，探测面附近是否含水和掌子面的潮湿度等信息做好记录，与施工现场做好配合。探测时，应停止现场隧道洞内施工以及现场隧道附近施工，尽量避开干扰源，避免干扰造成的不必要的错误解释。

③进行雷达预报操作时，要了解现场的地质信息，合理布置探测线，使测线网格覆盖整个掌子面并尽可能向掌子面中心位置处布置，减少漏测的情况，以获得更加全面的数据信息。

④开始探测前，应设置合理的经验参数，在掌子面上进行多次测试，对比选择出更加合理的参数，在异常区域进行多次的重复探测，避免形成误判，从而得到更加精确且理想的地质雷达波形图像。

⑤将电缆线完全展开后再进行探测，电缆与雷达天线不能保持平行的方式，要使天线长轴方向与电缆线尽量保持垂直，垂直时效果最佳。

2. 合理的软件处理

1）结合探测剖面图

解译时要结合雷达探测剖面彩色图、灰度图和堆积图等图像进行综合分析。其中，堆积图能够容易地识别反射波同相轴的变化、彩色图能够容易地识别反射波振幅的强弱。

2）废道处理

若前期探测地震波数据足够多，将干扰信号去除的同时对预报工作不造成影响，可对地震波数据进行废道删除。

3）增益调节

雷达探测时，雷达天线会接收到电磁波，由于隧道围岩介质会对雷达波产生一定的吸收作用，导致接收到的雷达图像中岩土体的组成很难从杂乱的波形当中直接分辨出来，后期需要通过处理软件的手动增益调节或者自动增益调节，以突出由于围岩的吸收作用而产生的较弱信号。

4）数字滤波

通过干扰信号分布情况，选择合理的滤波器，将其干扰信号去除，若噪声的频谱中存在高频率，尝试选择低通滤波器；若噪声的频谱中存在低频率，尝试选择高通滤波器；若噪声信号中既有高频率又有低频率，尝试选择带通滤波器。

3. 加强对现场隧道的整体了解

在进行超前探测预报之前，超前探测人员一定要认真负责，要及时收集地质调查报告，掌握现场探测地区的地形地质情况，了解现场金属物质的分布情况，了解不良地质体在地表的出露情况，结合已开挖洞段去预报未开挖洞段。

参考文献

[1] 张小成，黄文理 . 道路桥梁与城市交通建设研究 [M]. 长春：吉林科学技术出版社，2022.04.

[2] 闫红民 . 临港产业区工程建设实践上下 [M]. 北京：中国建筑工业出版社，2022.01.

[3] 陈咏锋，钟志光 . 道路桥梁工程与路基路面施工技术研究 [M]. 长春：吉林科学技术出版社，2022.04.

[4] 王晶，姜琴 . 路桥工程建设与公路施工管理 [M]. 汕头：汕头大学出版社，2022.04.

[5] 杨寿君，刘建强 . 城市道路桥梁建设与工程项目管理 [M]. 长春：吉林科学技术出版社，2021.07.

[6] 刘志浩 . 土木工程与道路桥梁水利建设 [M]. 北京：中国石化出版社，2021.12.

[7] 杭争强，张运山 . 工程建设理论与实践丛书道路桥梁工程施工与养护维修技术 [M]. 武汉：华中科学技术大学出版社，2021.12.

[8] 蒋雅君，方勇，王士民 . 面向可持续发展的土建类工程教育丛书隧道工程 [M]. 北京：机械工业出版社，2021.05.

[9] 郭德平 . 瓦斯隧道综合防治技术及管理实务 [M]. 重庆：重庆

大学出版社，2021.11.

[10] 孙尚渠，渠述锋，宋曙光 . 岩溶区盾构隧道溶洞形态精细表征与稳定性评判方法 [M]. 上海：上海科学技术出版社，2021.03.

[11] 徐志胜，谢宝超，张焱 . 公路隧道通风排烟及人员疏散 [M]. 北京：机械工业出版社，2021.09.

[12] 何发亮，卢松，李春林 . 隧道施工地质不确定性 [M]. 成都：西南交通大学出版社，2021.05.

[13] 严涛，陈树汪，刘大刚 . 长大公路隧道视觉疲劳缓解带设计与评价 [M]. 成都：西南交通大学出版社，2021.05.

[14] 杨婕，柳治国 . 公路隧道技术状况检测与评价 [M]. 北京：北京理工大学出版社，2021.04.

[15] 黄延，夏俊吾，刘海涛 . 道路桥梁工程与维修养护 [M]. 汕头：汕头大学出版社，2021.06.

[16] 姜志青 . 道路建筑材料第 6 版 [M]. 北京：人民交通出版社，2021.06.

[17] 王国福，赵永刚，武晋峰 . 道路与桥梁工程 [M]. 长春：吉林科学技术出版社，2020.04.

[18] 刘勇，郑鹏，王庆 . 水利工程与公路桥梁施工管理 [M]. 长春：吉林科学技术出版社，2020.09.

[19] 张庆勋 . 桥梁工程与施工管理 [M]. 长春：吉林科学技术出版社，2020.08.

[20] 丁雪英，陈强，白炳发 . 公路桥梁建设与工程项目管理 [M]. 长春：吉林科学技术出版社，2019.05.

[21] 向中富 . 天堑变通途中国桥梁 70 年 [M]. 重庆：重庆大学出版

社，2019.10.

[22] 潘永祥 . 公路桥梁与改扩建新技术 [M]. 昆明：云南大学出版社，2019.

[23] 汪双杰，陈建兵，王佐 . 高海拔高寒地区高速公路建设技术 [M]. 上海：上海科学技术出版社，2019.03.

[24] 彭松力，杨碧华，虞亦 . 建设工程安全生产管理辅导读本 [M]. 北京：中国财富出版社，2019.06.

[25] 吴静，李毅佳 .2019 一级造价师应试指南建设工程技术与计量土木建筑工程 [M]. 北京：中国计划出版社，2019.07.

[26] 汪双杰，刘戈，纳启财 . 多年冻土区公路工程施工关键技术 [M]. 上海：上海科学技术出版社，2019.03.

[27] 谢雄耀 . 隧道工程建设风险与保险 [M]. 上海：同济大学出版社，2019.10.

[28] 瞿万波，王毅 .21 世纪高职高专地下与隧道工程系列教材隧道工程施工 [M]. 成都：西南交通大学出版社，2019.08.

[29] 黄宏伟，薛亚东，邵华 . 城市地铁盾构隧道病害快速检测与工程实践 [M]. 上海：上海科学技术出版社，2019.01.